MINDSET OF FINANCE

NINE CONCEPTS TO IMPROVE MANAGEMENT MATURITY

刘国东 ／ 著

管理层
财务思维

提 升 管 理 成 熟 度 的 九 大 逻 辑

社会科学文献出版社
SOCIAL SCIENCES ACADEMIC PRESS (CHINA)

刘国东

1973 年生于河北易县，1996 年大学毕业，先后供职于央企、民企，事务所合伙人。2008 年起曾开发讲授"企业所得税汇算清缴""税务稽查与应对""纳税筹划""财务分析""成本管理"等课程。

2012 年创建长财咨询。截至 2018 年 4 月，长财咨询已有 30 多家分/子公司布局全国，为中国众多快速发展的民营企业提供从财务系统建设到财务团队打造的全方位、陪伴式、系统化财务服务。

2012 年开发设计完成"财务系统""老板财务通"金牌课程，2015 年又推出"管理层财务思维"课程。

2014 年 8 月创立上海优波投资管理中心（有限合伙），旗下发起优波基金、长江基金、长江二号基金、喜马拉雅基金、喜马拉雅二号基金、Uboom 美元基金等多只私募基金，登上各主要私募基金平台的排名榜单。

2017 年 10 月，首家长财税务师事务所有限公司在杭州设立，正式开启长财税务师事务所联盟之路。

总　序

因为爱，所以走进你的世界！

我在讲"财务通"课程的时候，经常说这么一句话，"财务总监如果能够走出自己的世界，走进老板的世界，他的职业生涯将有很大的提升"。

一提到财务，很多人的第一感受是"面目可憎"——装着铁门的财务办公室、"斤斤计较"的报销审核会计、一堆"不知所云"的财务报表……似乎都让人提不起兴趣。

然而，企业发生的一系列事情，又让人不得不面对财务：国家税务管理越来越规范，企业税务风险逐步显现；资金管理越来越复杂，很多老板被企业的资金流转弄得晕头转向，占用了大量的工作时间；财务人员做不出老板想要的报表，老板决策还是靠拍脑袋……

财务，爱你不容易；恨你，又离不开你。

财务专业人员的能力和老板的需求之间，仿佛有一条看不见的鸿沟。

长财咨询深深扎根于中国企业的经营环境，对中国企业关于财务的"爱恨情仇"感同身受。针对广大企业的现实需求，推出了"财务通""财务系统""管理层财务思维"这三门财务培训课程。课程一推出，就得到了市场的热烈反响。

长财咨询基于对企业家创业精神的仰望、对企业家价值创造的尊敬，走进企业家的内心世界，帮助企业家理解企业管理规律、提升企业管理能力，让企业家有能力陪伴企业成长。

你变了，你的世界也就变了！

管理，等于"管 + 理"，理不清，就

管不住。现代财务管理滥觞于帕乔利在六百多年前的伟大发明——复式记账法，以其无与伦比的严密逻辑性，几乎将企业所有的资源要素分门别类地归纳、汇总，呈现为能够直接指导经营决策的财务信息，使得企业管理变得有理有据，不再依靠"拍脑袋"来决策。

很多企业家在听过长财咨询的培训课程后，对财务的认识有了很大的提升。企业家在掌握了财务这个管理工具，具备了系统化思考、解决问题的能力之后，再面对以往在管理企业时那些看似毫无头绪、无从下手的问题，便能够凭借"财务"这个"抓手"将其抽丝剥茧、逐步理顺并最终解决。

六年多来，"财务通""财务系统""管理层财务思维"这三门课程已经开展了几十期，参训的企业有成千上万家，然而，中国有数千万家企业，能够有机会走进培训课程现场的还是极少数。大量的企业对浅显易懂、易操作、好落地的财务知识的需求远远没有得到满足。长财咨询针对这部分企业的需求，将这三门课程的内容整理成书，结集出版，以飨读者。

因为这套图书是根据现场课程内容整理出版，所以具有鲜明的特点。

场景化

在现场课程中，为了帮助学员理解抽象的财务概念，我经常会营造各种各样的企业管理场景，把财务知识点代入其中。这一特点在本套图书中得以很好地保留，读者在阅读过程中会发现这套书就像专为自己而写，有很强的代入感。

紧扣现实

在现场课程中，为了理论联系实际从而更具实战性，授课时都会对企业经营环境、国家最新财税政策做出解读。因此，本套图书中引用的经济、财税政策和法律法规都是最新的。

当然，即使长财咨询能够做到以最快的速度再版，图书毕竟有其自身的特点，无法做到像现场课程那样及时更新相关内容。因此，建议对内容更新需求强烈的读者走进长财咨询的课程现场，听听现场版的内容，效果更好。

工具化

本套图书中有大量的图表、工具，一方面，能够帮助读者理解财务知识点之间的内在逻辑关系；另一方面，这些模板、工具基本上都是可以拿来即用，迅速转化为企业实际可用的制度、流程、表单、工具，构建企业自己的管理制度体系。

多元化

本套图书虽然从书名看都是财务领域的图书，但是，内容不局限于财务领域。我深知企业对企业管理知识的需求更多是模糊、综合的，企业在管理中遇到的问题也往往是非结构化的，很难按照"战略、组织、营销、生产、人力、财务、企业文化"等"分科"诊疗，因此，基于长财咨询多年的咨询实践和强大的咨询师团队，本套图书中对与财务相关的战略、激励、股权、金融等方面的知识点均有所涉及。跨专业的知识体系有助于读者建立企业管理的整体概念，触类旁通。

让我们打开散发油墨香气的书本，一起走进神奇的财务世界吧！

前 言

打开思维之门

为什么销售总监、采购总监、生产总监、人力资源总监等非财务的高管要有财务思维？一个企业的成功靠的是财务成功吗？当然不是，一个企业的成功靠的是营销。但是一个企业的失败一定是财务的失败，比如现金流断了。何谓好企业，何谓不好的企业？好企业首先要赚钱，其次要有钱，钱的多少一定是一个财务指标。所以，一个企业的经营目标，很大程度上是要用财务语言来表达的。

经营企业离不开管理，企业管理的终极目标就是增加企业利润、降低企业风险，而企业的利润多寡，资金的充裕程度，这些都是财务指标。所以财务思维其实是要给企业的经营管理明确财务目标，让企业的所有人员都以这个目标为导向。

企业讲三种语言：会计语言、业务语言和管理语言

企业内部会出现三种语言：会计语言、业务语言和管理语言。我们从这三种语言出发，企业内部的沟通顺畅吗？企业的管理职能如销售、研发、采购、生产、人力资源、财务等，有多少管理者能够听得懂用会计语言表达的经营结果？比如我们说收入、成本、利润，这些都是专业语言。比如我们对销售总监讲应收账款周转率，销售总监可能听不懂，但是说"账期"就没问题；又如我们说固定资产周转率，酒店的前台肯定听不懂，但是说"入住率"就没问题。

所以我们的财务人员不能跟管理层去讲会计的专业语言。实际上财务人员是

企业各部门的顾问，财务人员要用高管们能听懂的、可操作的指标去表达企业，只有这样，财务部门的工作才能被各个部门理解，财务人员自身也才能领会财务工作的价值。同时，从财务管理的角度，账算不准仅仅是财务部门的问题吗？我们的业务流，每一步都有单据吗？有单据的，单据都实时传到财务部门了吗？很多时候，财务不规范的本源是业务的不规范。

思维决定行动，行动决定结果。那什么决定思维？我们可以说是态度、角度、高度这些因素决定了思维。顾名思义，管理层财务思维是专门面向企业经营管理层的，那财务思维是什么？它不是指财务专业知识或技能，而是指财务管理的思路对经营管理思维的拓展。这本书不是教管理层某些具体的财务知识，而是给大家打开思维之门，最终解决企业内部团队之间的沟通问题。

我们的咨询师在做企业咨询时，经常见到企业部门之间，甚至部门内部都会有各种各样的矛盾，导致业务流程不顺畅，相互指责、各执一词的情况时有发生，这些矛盾主要是因为每个人站在不同的角度思考问题。所以作为企业中坚力量的经营管理层，必须学会以企业经营最终目标为出发点，要站在企业层面，而不是只站在自己部门的角度考虑问题，否则结果就是虽然尽心尽力做了很多事，但未必是企业需要的。同时，财务总监也要站在老板的角度去看问题。

我经常会给财务专业人士讲一个故事：有八个铁路工人在修铁路，天气炎热，条件艰苦，大家都非常辛苦。到了休息时间，有七个人就直接躺在旁边的铁轨上睡了，另一个人还很清醒，他一看大家躺的铁轨锃亮，说明这铁轨是经常有火车经过的，于是他就喊这七个人赶紧起来，但怎么喊都没人听他的，他自己就另外找了一条生锈的铁轨休息，没想到火车真的来了，这时扳道工就为难了：往这边扳是轧死七个，往那边扳是轧死一个，虽然那边七个人做的是错的，这边一个人做的是对的，这时老板要怎么选择？财务总监有没有同感？

企业经营之事可分为三类：第一类与效能相关、第二类与效率相关、第三类与数量相关。与效能相关的事，同企业战略、模式、方向等相关，这是老板要做的事；与效率相关的事，同流程、系统、思维、方法、工具等相关，这些都是管理层的职责，解决一件事情就解决了一批事情，也就是俗话说的"铺好路、搭好桥"。就算休假一个月，企业、部门照样能并然有序地运转；与数量相关的事，同时间、体能、技能等相关，这些就属于基层员工的工作范畴了。

人与事一定要匹配，即老板做与效能相关的事情，管理层做与效率相关的事情，基层员工做与数量相关的事情。作为管理层必须思考一个问题：你的工资为什么要比基层员工高许多？永远记住一句话：公司是竞争组织，公司不会为苦劳买单，只会为功劳买单。

实际上很多企业在管理层次上都存在

老板：与效能相关的事	管理层：与效率相关的事	基层员工：与数量相关的事
• 企业战略 • 模式 • 方向	• 流程 • 系统 • 思维 • 方法 • 工具	• 时间 • 体能 • 技能

错位。老板做着管理层的事，管理层做着基层员工的事，导致基层员工只能想着老板的事。错位会导致企业战略不清、管理混乱。如果一家企业的老板是最大的销售人员，那这家企业肯定是做不大的。作为管理者，老板的职责不是去签单，而是要打造并带领团队、最高效率地完成企业赋予的职责。老板是企业战略的决策者，决定了企业的发展方向；管理层是企业战略的执行者，体现了企业运营的结果。所以说老板要做正确的事，管理层要正确地做事。

企业管理层每人都要梳理一下应该做的事情，如营销总监应制定营销策划方案、建立营销流程、打造营销团队；又如财务总监负责搭建企业财务体系，设计财务核算流程及管理报表体系、管控资金风险并完善资金预测流程、确定历史遗留问题的解决方案及税务规划方案、建立财务分析报告与决策支持机制，也就是要做到"做好账、管好钱、交好税、做好管控"，要治标也要治本。

管理层的气质决定了企业的气质

管理层的气质决定了企业的气质，管理层什么样，企业就是什么样。

美国企业普遍的特点是大。世界500强企业至少有一半出自美国，比如沃尔玛公司，其销售额相当于全世界从后往前数20个国家和地区的GDP之和，如果这个不好理解，我们再用另一个数据来说明，沃尔玛一年的退货金额如果作为一家企业的收入，那也可以进入世界500强。美国企业之所以呈现这一特点，主要是因为企业的CEO做财务出身的比较多，他们更加关注股东价值最大化，所以在经营策略上倾向于进行并购、重组，将企业规模做大，实现资本市场上的增值。

德国企业的特点则是精。管理层大多出身于工程师，对产品质量要求很高，追求精益求精，"质量就是生命"刻在了骨子里。比如德国汉莎航空，头等舱餐食配的不锈钢小勺，做工非常精美，令人爱不释手。

中国企业的特点是快。管理层大多是营销人员出身，企业资源多向营销部门倾斜，甚至很多企业出现过度营销的情况。所以企业初期成长很快，迅速扩张，不过一旦市场出现变化，就会很快倒下。由于对管理和研发投入的资源不足，企业的可持续性不强。

企业发展到一定规模，制约企业发展壮大的障碍主要就是管理层，我们将这类人称为"老白兔"，即位重、权高、不干活、负能量、抱怨、做事不负责任……当企业处于生死存亡之际，态度比能力更重要，所以"老白兔"们要怎么办？解决的方法有两种：一是快速成长，且成长的速度一定要赶上企业的发展速度；二是做好副手，如果没有能力快速成长，那就做好服务、做好配合，不要成为企业发展的障碍。

企业的员工可分为两类：用心者、用力者；做事也可分为两类：本分、情分。用力者讲本分，用心者讲情分

企业的员工可分为用心者和用力者两类。所谓用心者，不需要用考核去管理，是以结果为导向的，有兜底的心态，敢于承担责任。同样做事也分为本分和情分两类，对用心者不仅讲本分，还讲情分，对

用力者只讲本分。不能强求所有员工都是用心者，但企业核心的管理团队必须是用心者，是能够在逆境中自我激励的人，这样企业才会有希望！管理层要成为企业发展的助力，成为积极、正能量的代表。

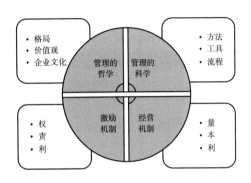

对于管理有很多种解读，在本书中我会给大家讲多个关于管理的理念。管理从一个维度可分为管理的哲学和管理的科学，即管理的艺术和管理的技术。管理的哲学决定了企业管理的高度，管理的科学决定了企业管理的宽度，管理的哲学与企业文化、价值观、格局等因素相关，管理的科学与流程、工具、方法等因素相关。中国的企业最不缺管理的哲学，优秀的企业也一定有自己独特的经营哲学。但是当企业发展到一定规模的时候，一定要用管理的科学进行管理，比如绩效考核就是一

种科学的方法，虽然不一定是最好的方法，但还是能够解决大多数员工的考核问题。

管理从另外一个维度可分为激励大系统和经营大系统。激励大系统涉及战略、文化、股权激励、绩效考核、阿米巴、平台创业、利润分享等，主要是解决人的意愿度问题，解决权、责、利问题；而经营大系统主要包括产、供、销、财务、信息等，主要是解决量、本、利问题。企业经营的实质就是经营"量、本、利"，有了"量、本、利"的"利"，才有"权、责、利"的"利"，一个"利"字，把这两个系统连结起来。经营大系统又分为经营业务系统和经营信息系统，财务系统就属于经营信息系统。

激励只能解决人的意愿度的问题，只有激励大系统，没有经营大系统，就无法正确、科学地做事，无法解决企业经营的"人治"问题。很多企业实际上就是处于"人治"阶段，经营规模达到5000万元以上时就得经常救火，管理机制无法支撑这么大的盘子，企业销售额增长十倍，现有的方法可能就不管用了。企业家必须要静下心来思考经营企业的方法，有一句流传得很广的话，老板EMBA毕业了，企业终于死了。激励方法学太多，只能解决高度的问题。有人说钱散人聚，但钱散人不一定聚，如果钱没算清楚就进行分钱，这样的结果是钱散人也会散。所以把钱算清楚，比分钱更重要！很多企业有问题，老板最容易犯的错误就是想通过激励的方法来解决所有的问题。要想把企业做好，就要把责、权、利与量、本、利一起做好，这时候算清楚钱才有意义。

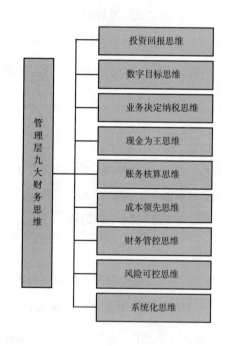

财务不是指财务部门的财务，而是企业的财务，是提高企业利润、降低企业风

险的财务，财务所表达的是企业的经营结果，与企业各业务部门都息息相关。

以上所讲的是经营大系统中从财务角度出发的思维层面的内容。未来企业经营将会面临更多的压力，在利润、资金、市场竞争、内外部风险等方面都需要应对。因此，作为企业中坚力量的管理层不能只关注本部门的利益，还要有全局观，立足企业整体利益进行日常经营管理，而做到这些至少需要具备九大财务管理思维。

第 1 章　**投资回报思维**

- 管理层花的每一分钱都要视作投资

- 投资就是花小钱，办大事，低风险，高回报

- 经营企业就是做投资。老板要把企业当作投资看待，这样有利于制定清晰的企业战略，对企业进行客观评价，发现企业存在的问题

- 资源和组织能力决定了企业的结果，管理层必须成长，否则会成为企业发展的障碍

- 效益与效率决定了投资回报，提升效率是企业转型的重要方向，管理层要清晰地知道自己和团队的决策行为对效率的影响

- 经营管理决策要考虑决策对效益和效率方面的影响，寻找最佳平衡点

管理层花的每一分钱都要视作投资。是投资就要花钱，花了钱就要关心回报。不是不该花钱，而是要把钱花在刀刃上。回报如果合适，投资越多，利润越多。所以企业管控开支不是看花了多少，而是看这笔支出带来的回报有多大。长财咨询有个客户，营销成本非常高，心相印的营销成本只占销售收入的3%，但是这个客户可以占到30%，所以他在2015年疯狂控制营销成本。控完之后，钱是没花，事儿也没干成，企业收入下滑得更多。所以2016年他把企业考核改成不再管控花钱，而是关注各个销售中心的利润实现情况。

很多时候，企业压缩开支，不是不让花钱，而是花了钱达不到预期的效果和作用。所以不是控制管理层花钱，而是如何花钱。管理层作为企业主要花钱的人，要牢牢记住一句话，管理人员花的企业的每一分钱都要视作投资！

很多企业喊降低成本，但结果成本越控越高。为什么？因为全员上下，发自内心想降低成本的只有老板一个人，其他人没想真正降低成本。这不是技术问题，这是一个思维的问题！管理层不需要了解如何做投资，那是技术；管理层只需要在脑子里记住这句话，有这个思维，就能做到这一点。不用担心自己的能力，我们能做到。我们花自己家的钱的时候，比如买车，我们会考虑车的价格、维护成本、功能等，最后总会买到符合性价比预期的车子。这些都体现了投资回报思维，我们力争花小钱办大事。所以，管理层有这个思维，用花自己家的钱的思维来花企业的钱，就能做好这一点。成本管控，不是单纯地降低成本而是要杜绝浪费。

成本掌握在花钱人的手里，不是天天喊口号，也不是财务部门算算数字就可以降低。只有花钱的人才能降低成本，降低成本是管理层的责任。看着性价比去花钱，把每一次花钱当成一件事情来办，杜绝浪费，才能实现降低成本的目标。

1.1　经营企业做两件事

企业是做什么的？企业本身是投资，企业的目的就是要赚钱。现代社会中的行业细分下来有成千上万种类型，常见的有贸易流通型、生产制造型、技术开发型，还有各种服务行业，企业的经营模式也是千差万别。但不论有多少种经营模式，企业的经营最终都可以归纳为如下模式：通过业务运营，达到现金增值，赚取利润，再投入现金到新的业务运营中，若能维持良性循环，可以不断发展。所以，从另一个角度来看，经营企业也是一个赚钱再分钱的过程。

> **经营企业就干两件事，赚钱和分钱；赚钱是一种能力，而分钱是一门艺术**

赚钱：企业运营是通过前面所说的业务流的运转（比如生产型企业中的业务流：接单、采购、生产、销售），达到现金流的增值，这就是赚钱的过程。

分钱：企业运营并不是靠一个人就能完成的，所以赚钱的过程中还要分

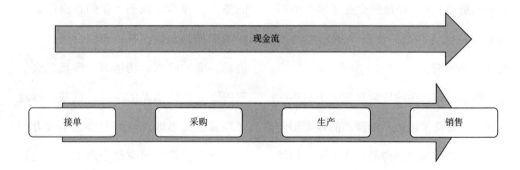

钱,分给员工是发工资,分给国家是缴税,分给管理层是利润分享,分给股东是分红,还有做社会公益也是分钱的一种形式。

1.2 做好企业的两个要素

做好一家企业离不开两大要素:一是资源,二是能力。通常情况下,做好一家企业不但要有机遇,还要有一些前提条件,比如资源、能力。资源 × 能力 = 结果,这是企业投资的逻辑。要管理一家企业,让企业能挣着钱,这个大的逻辑一定要把握。企业不管大也好,小也好,强也好,弱也好,走到今天,其实都是这两个要素决定的。有些企业团队能力很强,但结果不一定好,因为缺少资源;反过来有些企业资源不错,但结果没有我们想象得那么好,因为团队的执行能力差。

企业能够做大,一定是资源和能力双重推动的结果。这里所说的资源,范围非常广泛,只要是能为我所用的都可称为资源,包括市场资源、品牌资源、人才资源、资金资源、平台资源、人脉资源等,这些可以成为经营企业的先发优势。

能力主要包含营销能力、创新能力、研发能力、管控能力、学习能力、资源整合能力、资源使用能力等。

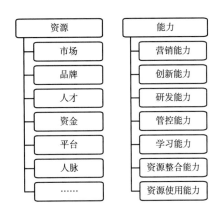

做企业其实就是做投资,企业家对投资回报远远没有投资人那么关心。投资回报的实质就是充分利用所拥有的资源,提升对资源使用的能力,以达到既

定的结果。管理层的职责就是运用各项能力，整合老板提供的资源，达成老板期望的结果。当企业达到一定规模，掌握一定资源的时候，更应该考核的是能力，也就是使用资源的能力。所以企业往前走的同时，对管理层的能力要求也要相应提升。

【案例】技工贸模式和贸工技模式

企业经营一般有两种模式，一种是贸工技，另一种是技工贸。联想就是典型的贸工技模式，而华为是典型的技工贸模式。形成这两种模式的原因在于，企业拥有的资源和能力不一样。

这两家企业都很优秀，但基因不一样，基因决定了华为应该可以走得更长远。我们大多数企业为什么只能选择贸工技模式？因为我们缺少资源，只能先

从贸易做起，积累一定的资源后才能慢慢做大，如果选择技工贸模式，在企业初期就需要投入大量资源，很多企业是做不到的。

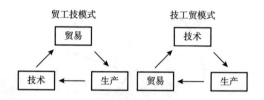

1.3 经营企业就是做投资

如果投资回报率高的话，投资越多，回报就越多。赚钱多少与投资相关。

企业是经济社会的有机组成部分，是持续经营的独立实体，企业家应该把经营企业当作一种投资，这样有利于制定清晰的企业战略，并对企业进行客观评价，发

⬆ 一类企业家，像培养孩子一样，投入全部的精力去经营公司，事必躬亲，每天最早到公司，最晚离开公司，把公司从小做到大，还容不得别人说不好

⬇ 另一类企业家，他们也很用心地经营公司，但更注重提升公司价值，在合适的时机，就引进投资者或将公司转让出去，用赚的钱再继续投资下一个企业

现企业存在的问题。

投资就要做评价，评价就要客观、理性，过于感性就容易迷失方向，做出错误决策。很多企业问题都积累得很大了，还是看不到风险，有些企业现在看来都没有存在的必要，投资回报率太低，主要是因为企业家把企业当作孩子，舍不得关掉。

1.4 评价投资的两大标准

对任何投资做评价，不外乎两个标准：一是回报，二是风险。回报不一样，对应的风险也不一样。有的时候风险很高，即使回报很高，我们也得"舍"。投资永远是一个选择题，高风险高收益，低风险低收益。我们需要避免高风险低收益，在平衡风险和回报的前提下，对不同风险获得回报的组合进行选择。

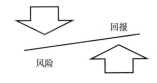

投资回报：所有的投资都应该关心回报，并对回报进行客观评价。不论是经营企业（称为实业投资）还是资本投资（称为财务投资），投资人都会要求相应的回报，即投资收益。

【案例】

最常见的投资就是购买股票，行情好的时候，比如 2015 年 6 月之前，有的股民投资 100 元，股票价值可达 150 元，差不多能获得 50% 的收益，这个收益很可观。但 2015 年 6 月之后，股市狂跌，没有将收益变现的人，手中持有的股票可能跌至投资成本的 50%，不但没有赚到钱，甚至连投资的本金都损失了。

评价回报的常用指标是投资回报率，

投资回报率 $= \dfrac{利润}{投资} \times 100\%$，利润就是投资带来的增值收益，投资回报率代表了一元的投入可以产生多少收益。

投资风险： 投资也会面临得不到回报，甚至损失本金的风险。在同等投资规模的情况下，投资者希望投资回报越高越好，投资风险越小越好。但一般情况是高收益伴随着高风险，这就是人们常说的风险与收益成正比。

所以在投资活动中，风险与收益同时存在，需要考虑收益与风险的平衡，在可承受的风险范围内，追求收益最大化。

> **投资追求的就是花小钱办大事，低风险高回报，所有投资都要遵循这个原则和逻辑**

管理层是企业主要花钱的人，花小钱办大事，不是不让花钱，而是追求性价比，要有效率地花钱，把钱花在刀刃上。有效率地花钱与技术无关，只与愿不愿意做有关，意愿度与企业的激励大系统有关，与企业文化有关。

很多企业一说成本控制就是不让花钱，成本却越控越高。只要管理层把花企业的每一分钱都视作投资，企业的成本就会降低，而且会杜绝浪费。成本掌握在花钱人的手里，如果花钱的人不想省钱，就永远省不下来。如果说不懂得如何花企业的钱，那就把花企业的钱当作花自己家里的钱一样就可以了。

只有成本低，利润才能高，才可以抵消掉人工成本上升的部分。国家"十三五"规划提到的主要经济目标是GDP和居民人均收入到2020年比2010年翻一番，也就意味着到时候人工成本要比2017年上涨30%，不少地方的社保征管日趋严格，社保成本越来越高，再加上持续的工资上涨需求，这样算下来企业利润还有多少？

1.5 企业赚钱模型

企业赚钱是需要进行计算的。怎么做才能赚钱，哪里干得好赚得多，哪里干得不好就赚得少，要给出一个清晰的路径。赚钱模型是投资回报思维的重点，决定了企业未来发展的方向。

股东做投资追求的是什么？投资要求回报，回报越多越好，那如何对回报进行衡量？投资回报率是我们追求的重要指标，是评价企业经营好与坏的指标，是对总经理进行评价的指标，是衡量资源使用效率的指标。

$投资回报率 = \dfrac{利润}{投资} \times 100\%$，利润就是投资带来的增值收益，投资回报率代表了一元的投入可以产生多少收益。

前面说过做企业也是一种投资，投资者会对企业要求相应的投资回报率，投资回报率是多少合适？它又跟什么因素有关？下面我们对投资回报率公式进行变形，即分子、分母同乘以收入，结果如下：

$$投资回报率 = \dfrac{利润}{投资} \times 100\%$$
$$= \dfrac{利润}{收入} \times \dfrac{收入}{投资} \times 100\%$$
$$= 销售利润率 \times 投资周转率 \times 100\%$$
$$= 效益 \times 效率 \times 100\%$$

$\dfrac{利润}{收入}$ 即为销售利润率，表明每一元收入获得的利润，通常情况下某一行业的利润率相差不会很大，也就是说老板选择了一个行业，企业的销售利润率基本就是确定的，因此我们还可以用另一个词"**效益**"来表达利润率。

$\dfrac{收入}{投资}$ 即为投资周转率，根据我们前面的一个公式：**资源 × 能力 = 结果**，可得出**能力** $= \dfrac{结果}{资源}$，收入即是结果，投资代表了资源，投资周转率就代表了企业管理团队的运营能力，是否有效地运用了股东投入的资产，获得更多的回报；我们同样可以用"**效率**"这个词来表达投资周转率。

所以根据 $\dfrac{利润}{投资} = 效益 \times 效率$，可推导出**利润 = 效益 × 效率 × 投资**，即**能力 × 资源**。

企业运营结果的好与坏，由**效益、效率和投资**三个因素决定，是要通过测算得出的。企业赚钱靠哪个因素推动，决定了企业的经营战略。

靠效益赚钱就是俗话说的"三年不开张，开张吃三年"；靠效率模式，有可能是薄利多销，但也可能是暴利多销，转得快不一定价格低，而是让资源使用效率更高。在不降价情况下，效率依然可以提高，这就是管理能力在起作用，比如存货周转率和费销比：

【案例】管理能力与企业效率

应收账款的周转确实会受到行业和市场影响，但存货周转就是内部因素了。一家企业管理有问题，存货周转一定有问题。一家企业存货的管理水平，体现了企业管理团队的运营能力，与销售有关系吗？销售预测不准确，导致备货过多，尤其快销品、时尚流行产品。与管理成熟度比较高的外企相比，国内企业的存货管理水平相差非常大，比如普天集团下的企业首信，与 IBM 生产同样的产品，但首信的存货周转要三个月，IBM 只需一周。

营销费用开支同样反映了管控效率的问题。营销费用不好控制，外企、国企、民营企业对此都有共识。有的企业采取包干的形式，花完就自己承担，没花完也自己处理，如此可能会影响业绩目标的达成，企业损失最大。营销费用一控就死，一放就乱。有没有什么方法可以把水分挤干？有些企业只控制费用，费用的绝对额是下去了，但费用率却有可能上去。

三十年前做企业取得的成绩，离不开经营者的能力与胆识，但主要还是归功于当时国家经济快速发展的大环境，先入市场者就能获得超额利润。但在当前的市场环境下，竞争者众多，经过充分竞争后，除非具有垄断优势，大家所能获得的就只是社会平均利润率。现在很多行业都产能过剩，供给侧结构性改革"三去一降一补"的政策主要就是解决产能过剩、库存大、杠杆高、成本高、有短板这些问题的。产能过剩，市场容量只有那么大，要想把产品卖出去，只能降价，所以利润能高吗？

再来看企业赚钱的模型公式，三十年前可以靠资源投入赚钱，三十年后的今天想只靠资源投入就赚到钱，实在是太难了。原来是粗放式管理，现在要转向集约式管理，而这就要靠第二个指标赚钱了。企业与企业的竞争将会在效率层面展开，哪家企业效率高，哪家企业活下来。企业有两大资源，一个是人，另一个是钱，企业想存活下来，就要提高人与钱的效率。在美国的商场或超市，有些美国原装生产的商品，售价即使转换为人民币，也不比中国的产品高多少。大家都知道，美国的人工成本比中国高，但为什么产品成本不高？那说明美国每件产品负担的人工成本低，每件产品的生产效率也比中国高。所以，中国企业的效率有很大的提升空间。

未来的企业转型是向高效率的组织转型。不是人工成本上涨50%我们就撑不住了，而是要想消化人工成本的上涨，效率的提高势在必行。通过效率的提升，在人均工资上涨的情况下，降低用工人数，维持总人工成本的持平或者下降。

效益由所选择的行业决定，投资由老板决定，效率就是管理团队的职责，提高效率是提高利润的一个途径。那么问题就来了，如何提高效率？

【案例】

假设刘老师拿着董事长投资的1万元去做生意，1万元是小本钱，也只能做些小生意。于是刘老师在经过一番考察之后，只能选择做服装批发生意。第一个月，刘老师用1万元本钱购进一批服装，每天在夜市上售卖，由于刘老师服务热情，所卖的服装价廉物美，很受消费者欢迎，一个月过去，刘老师卖服装收入15000元，赚的5000元交给董事长贴补家用；第二个月，大受鼓舞的刘老师又拿着1万元本钱继续批发服装，没成想在挑

选服装时，钱包不翼而飞，董事长只得从上月赚的5000元中拿出2500元，交给刘老师继续做生意。2500元只能批发少部分服装，在市场不变的情况下，一周卖完再进货，再卖完再进货，这样一个月下来仍然卖了15000元，赚了5000元，但这两个月的经营结果相同吗？

第一个月投资1万元，赚5000元，投资回报率50%；第二个月投资2500元，赚5000元，投资回报率200%，同样是赚5000元，为什么投资回报率却不一样？原因在于两个月的初始投资额不一样，而且周转效率不一样，第二个月投资额虽然只是第一个月的四分之一，但周转效率却是第一个月的四倍，所以最终的结果不一样。

周转效率代表了运营的能力，在企业日常经营中，提高效率就是要提高人的效率、提高企业资产的效率，如存货、应收账款、设备等的使用率。管理要从粗放式管理向集约式管理转型，这样一来即使利润率下降，我们也可以活下去。

很多企业在有钱的时候，矛盾不凸

显，当没钱的时候，矛盾就暴露出来了。美国有很多制药企业，管理依然有极大的提高空间，效率提升会带来成本的大幅下降，但是为啥不这么做？因为制药企业拥有专利形成垄断，可以通过低效率高成本保持药品的高价格，从而获取高额利润。若提高效率降低价格，利润会更高，但那会引起全社会的指责。

有的企业家认为自己所处的行业利润低，不赚钱，就想着要转型，到处找新项目。实际上中国企业转型更多要考虑管理转型，而不是行业转型，要想办法练内功，因为大家最熟悉的还是自己的行业。只要效率比同行高，就可以活得更长。

要站在企业层面考虑如何提高效率，效率的总负责人是总经理，各部门总监都要为这个目标出一份力。总经理要想尽一切办法提高企业的效率。所有中层管理者都应该关心成本控制，成本与每一个人都息息相关；无论效率高与低，都要考虑控制成本，这也是提高利润的一个重要因素。销售总监考虑销售价格及回款对运营结果的影响；采购总监考虑采购价格、采购周期、账期的影响；生产总监考虑降低生产周期、废品率，提高资产周转率；人力资源总监要考虑人工成本及人的效率对运营结果的影响。企业员工的问题主要体现在两个方面：一是稳定性问题，二是效率问题。效率低有两个原因：意愿度差、能力低。稳定性差的原因：钱不到位、没希望。员工的核心需求包括收入、发展前途、成长空间，如果没有得到满足，员工稳定性自然差。

【案例】周转率提升增加投资回报

在房价大涨的行情下，很多房地产企业都存在捂盘、惜售的情况，想等房价再涨高点，可以卖个更高的价钱，这是靠第一个指标赚钱。但万科不这样做，万科采取"三快"的经营策略，即快速拿地、快速建房、快速销售回笼资金，实质就是提高周转效率。万科真正把房子当成企业的产品，通过提高存货周转率来增加投资回报，可以说万科的成功就是存货周转的成功。

美国零售业巨头沃尔玛公司，产品毛利率很低，那么它成功的秘诀在哪里？京东商城的费用率大约占销售额的10%，而沃尔玛毛利率不允许超过10%，但其投资回报率却可达到21%,这就是靠效率达成的。为了提高效率,早在20世纪80年代沃尔玛就投入了大量资源建造自己的商用卫星网络系统,以掌握销售、库存、物流等实时情况,实现了快速反应的供应链管理,带动了销售额的大幅提升。

还有重资产企业与轻资产企业的选择,很多企业都希望轻资产运营,因为轻资产相对好转型,但重资产未必不好。比如为什么苹果手机都让富士康进行加工,它是一家重资产企业,为什么还活得很好?为什么苹果不自己做,小米不自己做?因为富士康能够在重资产情况下,让效率达到这个行业的极致。当然,同等条件下,还是要选择轻资产企业,资产投资少,效率天然就高于重资产企业,这是管理决策。那如何将重资产运营改为轻资产运营呢?自制加工改为外包、购买资产改为租赁资产,还有通信行业,由一家企业提供设备,其他运营商进行租用。重资产企业向轻资产企业转型,就是商业模式的转型,商业模式构成需要四个要素:资源、价值、客户、财务。财务就是指收入、成本。

以上列举了这么多例子,在行业利润率相同的情况下,提高投资回报率的方式,更多体现在提高运营效率,即提高资产周转率。资产越大,相对来说资产周转率就越低,所以降低资产总额是提高资产周转率的一个途径,因此轻资产企业比重资产企业的周转效率相对要高。

第 2 章　**数字目标思维**

- 没有数字的管理叫道理
- 数字是中层管理者与老板沟通的语言
- 数字化管理会让企业文化变得简单
- 目标是我们工作安排的起点
- 目标是职业经理人的商业承诺
- 清晰的目标可以凝聚团队，加强团队的力量
- 管理最重要的是管理过程，而不是管理结果

数字目标思维是财务思维的起点，管理层一定要有数字目标思维，要具备量化的概念。改革开放伊始，我们就在推崇西方的先进管理经验，学了这么多年，什么叫先进？中国五千年的文明，自古以来就崇尚作文，所以中国人管理企业的传统思路用的是"语文"，而西方用的则是"数学"。现代企业管理的核心就是将管理语言从"语文"转化为"数学"，因为"语文"的表达主观、会产生歧义，而"数学"表达的是客观事实。

财务思维要从数字目标思维开始，数字目标思维是财务思维的起步。数字目标思维关注以下内容。

1.管理=量化，没有数字的管理叫道理

2.数字是中层管理者与老板沟通的语言

3.目标化管理与公司文化的关系

4.从今天起，忘掉别人对你的看法，关注数字目标

5.公司目标的确定与选择

6.管理的过程逻辑

2.1 管理就是量化，没有数字的管理叫道理

数字是企业管理的基础。我们见过很多企业开会，人人都会讲道理，个个讲得都有理，最后的结果往往都是在推卸责任，浪费了大量时间，议而不能决，哪里谈得上管理？实际上只需要把各部门的数字结果报出来，该干什么就一目了然了。管理层与老板、管理层互相之间的沟通，都需要学会用数字化语言进行沟通，这样沟通过程中信息损耗较少。

数字化管理是代表一家企业管理规范的重要指标。为什么很多大企业都有财务系统？因为财务系统是企业经营大系统中的信息管理系统，财务系统为企业经营提供数字化的信息结果，有了这些信息，才能进行比较，并知道是好是坏。

理比管更重要，理不清则管不住

怎么理解数字化管理？举个例子，很多企业每年都会要求员工述职，进行年终工作总结。为了表现自己工作积极，许多人会洋洋洒洒写上几十页甚至上百页的总结报告。试想想，这样的总结会有多少人耐心去看，并找到重点。从科学管理的角度来说，工作总结并不是页数越多越好，而是越少越好，最好是一页纸就能说清楚，通过数字来表达，精练、重点突出，不需要写过多描述性的文字，这就是外企常说的"一页纸原则"。比如"加强团队建设"是出现在年终总结中频率非常高的一句话，每年都在建设，结果是什么，定性的描述没有价值。所以，不是说一句话就是团队建设，要有具体目标，如财务部门2018年培养总账会计1名、成本会计1名，营销部培养、招聘营销总监2名，物流总监1名等，才能进行衡量。

2.2 数字是中层管理者与老板沟通的语言

企业业务发展快、事情多，老板们的

日程会安排得非常满，只要老板在公司，很多人等着与老板见面，有供应商、客户、管理层、员工，尤其作为企业经营中坚力量的管理层更是要与老板保持密切的沟通，做到上情下达、有效管理，因此与老板的沟通要讲求效率，最有效率的沟通语言就是数字。

【案例】

销售总监与老板进行沟通，对市场情况进行总结，说市场情况一片大好，盈利有大幅增长，或者说市场很难做，有可能亏损……这些话是没有多少实际意义的。其实可以改变一下表达方式，用数字来进行说明：

（1）本月销售额和目标达成率

目标是考核的依据，也是努力的方向。如果目标没有量化，如何努力才叫达到目标？

（2）一元收入销售费用率

这个指标代表取得一元收入需要多少销售费用支撑。我们不能去控制销售费用的绝对额，比如收入目标500万元，销售费用目标60万元，实际完成收入600万元，实际销售费用70万元，这个结果是好还是坏？目标费用率是12%，实际费用率是11.67%，所以虽然费用的绝对额超了，但带来了整体销售额更大的提升，实际结果还是好的。

单位：万元，%

	目标值	实际值	好／坏 (-)
收入	500	600	100
销售费用	60	70	10
一元收入销售费用率	12	11.67	-0.33个百分点

（3）本月产品销销比

销销比是指每类产品占全部销售产品的比率。通过这个指标可以分析各类产品的销售权重，找出适销对路的产品，进行销售决策或资源投放。

（4）本月新客户销售占比

如果销售指标完成了，但大部分都是老客户完成的，那企业业务的发展就缺乏可持续性。

（5）本月账期

账期的长短对企业现金流有直接影响，如果目标账期是30天，实际是多少天，需要通过信用控制流程进行管理。

以上五条信息，可以让老板基本掌握市场销售情况、利润情况、产品销售权重、新客户开发情况及应收账款情况，这些就可以作为销售总监的考核指标，指标就要用数字进行表达。不过，这些指标是要财务部进行加工后提供的，财务总监要为销售总监提供管理报表和各类相关指标。

【案例】裁员的成本如何考量？

人力资源总监就企业裁员之事与老板进行沟通，对员工的表现及建议也要用数字表达出来：

（1）离职补偿成本

劳动法要求，企业辞退员工要按工作年限进行相应补偿，人力资源部门必须先将员工离职补偿数额核算出来，以评估辞退员工的成本。

（2）离职前低效率成本

即将离职的员工要继续寻找新工作，在工作交接前，不安心工作导致工作效率低下带来的成本。

（3）招聘成本

重新招聘人员的成本，包括招聘场地租金、招聘人员出外勤费用，发布招聘广告费用，等等。

（4）培训成本

新招聘人员并不一定能立即上岗接手工作，往往还需要接受一定时期的岗前培训。

（5）使用成本

新员工在进行岗前培训期间，企业已经为其支付工资，但新员工并没有真正开始工作。

这些成本的数字都需要财务人员进行归集、整理并提供。

企业管理中的所有经营行为，都需要通过数据反映，有些是财务数据，有些则是业务数据，即便是业务数据，最终也会转变为财务数据。如果财务部门不能提供以上数据，则是财务部门的核算有问题。不少企业的财务部门并不能为老板或管理层及时提供经营报表，这就需要重点打造企业的财务体系；如果财务部门提供了数字及报表，管理层不看或者看不懂，这就是管理层的问题，管理层必须要学习财务思维，学会看报表或指标。

2.3 目标化管理与企业文化的关系

目标化管理会让企业文化变得简单。企业文化不一定能统一员工的思想，但数字化目标可以。

2.3.1 目标是工作安排的起点

管理层的工作任务之一就是设定目标，并考虑为实现既定的目标，所应采取的行动和措施。设定目标需要将工作进行分类，划分为各项可以管理的活动，组织安排相应的人员执行这些活动。

2.3.2 目标管理与企业文化的关系

企业文化是企业中具有独特个性的价值观、管理哲学、经营理念、行为准则、组织制度等的综合体现。

每家企业都希望以企业文化统一员工的思想，从而引导员工行为。如果企业文化的导向不能达成员工的目标，则很难统一所有员工的思想，但是目标可以让员工知道什么行为带来什么结果。

目标是职业经理人的商业承诺，目标在确定之前，什么都不是，但确定后将变成员工的信仰。

清晰的目标可以凝聚团队，加强团队的力量，并且让企业的文化变得简单，每个人都以设定的目标为关注点，而不是别人的评价。作为中高层管理人员，你今年的数字目标是什么？个人目标是什么？比如，你的目标是销售额1个亿，个人劳动所得600万元，开5家分公司，那么从今天起，忘掉别人对你的看法，开始关注核心数字目标。

2.4 企业目标的选择与确定

2.4.1 目标确定方法

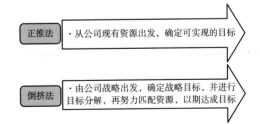

正推法 ·从公司现有资源出发，确定可实现的目标

倒挤法 ·由公司战略出发，确定战略目标，并进行目标分解，再努力匹配资源，以期达成目标

【案例】小和尚烧水

小和尚捡了一堆柴，打了一壶水，想烧开一壶水。准备点火时，才发现捡的柴不足以烧开这壶水，怎么办？有人说把水倒掉一半，用现有的柴可以烧开半壶水，这就是一个典型的用正推法确定目标的例子。

可有人觉得把水烧开就达到要求的结果了，但有多少柴烧多少水，是一个消极的方法。所以另外一种方法是再尽量去多找些柴，把一壶水烧开，这才是一个积极的方法。

两种方法都一样烧开水，但实际上结果却不一样，倒掉水的只烧开了半壶水，再找柴的烧开了一壶水。

在当前的市场经济条件下，每个人都应该确定目标，争取获得更多的资源，达成目标，要让自己多努力一下，往前多迈一步。

2.4.2 企业层面确定的基本目标

【案例】某建筑施工企业的财务系统建设目标

企业将2018年确定为财务系统建设年，财务部门要重新建立一套完善的账务核算系统，能够为管理层出具50张管理报表；营销部门要修订新的营销流程，完善营销系统的管理，并能与财务部门相配合。

销售额	•计划实现多少收入
利润额	•准备赚多少钱。确定了收入额和利润额，成本目标自然就算出来了
投融资目标	•为了实现销售额和利润额，需要新增多少对外投资？如果资金不够支持对外投资，还需要从银行贷款多少，或者从其他融资渠道融资多少？
人才培养目标	•确定各岗位需要培养的人员数量，满足岗位职能需求
产品目标	•定期推出新产品，确保公司持续的竞争力
管理成熟度目标	•建立或完善公司八大管理系统。八大管理系统包括战略系统、产品系统、供应链系统、营销系统、财务系统、激励系统、品牌系统、文化系统

2.4.3　每家企业都需要确定明年的企业目标，并制定方案；目标分解到营销部门、研发部门、采购部门、生产部门、人力资源部门、财务部门等，各部门依据目标制定实施方案。

2.5　管理的过程

　　管理的最终目的是管理人的行为。管理最重要的是管理过程，而不是管理结果，管理结果只能导致秋后算账、守株待兔，管理过程的核心是控制关键节点，定时间、定目标，检查管理过程，才能有最终结果，以下是整理后形成的管理的六步方法论。

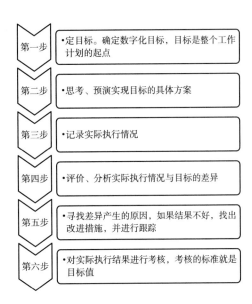

第一步　•定目标。确定数字化目标，目标是整个工作计划的起点

第二步　•思考、预演实现目标的具体方案

第三步　•记录实际执行情况

第四步　•评价、分析实际执行情况与目标的差异

第五步　•寻找差异产生的原因，如果结果不好，找出改进措施，并进行跟踪

第六步　•对实际执行结果进行考核，考核的标准就是目标值

第 3 章　**业务决定纳税思维**

- 税不是做账产生的，是业务产生的，管理层的决策和行为与企业税负密切相关
- 管理层在做业务时要多一根"税"的弦
- 采购、销售、生产、研发、人力等业务模式的选择就是纳税筹划

税主要由企业业务决定，也与管理层的决定相关，财务部门主要是对已经确定的交易进行税额计算，税务规划要从交易开始。

企业的顶层架构也与税相关。老板在进行战略决策、设计企业顶层架构时，也需要考虑相应的税收影响，股权设计不好，未来进行股权交易时就会产生很高的税。比如企业上市，就拿挂牌新三板来说，股改至少也要交上千万元的税。又如有好的新项目需要进行投资，原来做 A 企业，想开个 B 企业上新项目，设立 B 企业的钱从哪里来，多数老板就是直接从 A 企业拿，想拿多少就拿多少，这样做根本就不对，试想 A 企业的钱是属于 A 企业这家法人实体的，在没有缴纳股东分红的个人所得税之前，股东无权直接从企业拿钱。之所以出现这样的情况，就是企业在进行顶层架构设计时没考虑清楚。

我们在这里讲业务与纳税的关系，并不是让业务部门管理层成为税务专家，而是告诉大家，在进行每笔交易时，至少都要考虑到交易对企业纳税的影响，若遇到不清楚的情况，可以向企业财务部门进行咨询。交易最主要的载体是合同，而很多企业的财务人员在交易完成后没见过合同，就无法预先知道业务交易是怎样进行的。不知道业务交易，就没办法进行规划。因此，是业务决定纳税，而不是财务决定纳税。所有的税务规划，离不开业务部门的配合。比如年底工资和年终奖一共 100 万元，如果不做规划，直接按税法规定，个税则需要按 45% 的累进税率缴纳。这时财务部门可以给大家做一下税务规划，用年终奖的方式发放，这样规划完成以后，工资按工资申报发放，年终奖按年终奖申报发放，钱是分两次发出来的。

有的人还会提到合理避税，避税形式上合法，实质上违反立法精神。我们在这里要强调一下，不存在合理避税的说法，合理一定不避税，避税一定不合理。

3.1 企业缴多少税与财务部门做账没关系

企业缴多少税与什么有关？大多数人马上想到的是当然与财务部门有关，与财务部门做账有关。甚至一些老板说他们企业的财务人员水平很高，高在哪里呢？原来是企业缴的税非常少，这真的一定好吗？缴税少不一定代表水平高，还要考虑风险有多大。为什么有的财务做两年就辞职不做了？为了少缴税，如果不进行合理规划，有时就只能用一个新的矛盾去掩盖、解决现有的矛盾，比如企业利润高，老板要求财务部门不能多缴税，甚至以少缴税作为财务部门的考核指标，在这样的

情况下，多数财务人员只能通过多结转存货，虚增成本，把账面利润压下去达到少缴税的目的。但实际存货还在仓库里，待销售后再产生新的收入时，已经没有存货可以结转，除非再持续购进存货，才有成本抵减利润，这就是"寅吃卯粮"。如果某一天不再购进存货，积累的矛盾就会全部爆发出来，怎么办？财务人员只有选择辞职，因为这个新矛盾比以前的矛盾还要难解决。

从上面的例子看，大家还会觉得税是财务部门做出来的吗？如果不从业务环节规划发票的取得，而要求财务部门少缴税，就只能是这种简单粗暴的办法。所以说税的产生与企业业务相关，不是财务部门做账产生的，企业缴多少税，只要业务一做完就确定了，财务部门的作用就是把税计算出来。

税是可以规划的，但是需要技巧。税是由业务产生的，不同的交易产生不同的税；交易方式不同，税不同；交易对象不同，税不同；交易地点不同，税不同。条条大路通罗马，我们要选择最近的一条路。因此，税务规划不是对税进行规划，

纳税影响	收款条款	发票条款

而是对交易进行规划。

【案例】空调厂家销售空调并提供安装服务

空调厂家销售空调并提供安装服务，A方案是在销售空调时同时提供安装服务，为混合销售行为，需按销售货物缴纳17%的增值税；

B方案是将销售空调与安装服务分别由两家企业完成，则销售企业按17%缴纳增值税，安装企业按11%缴纳增值税。将业务拆分后，适用不同税率，可降低整体税负。

单位：元

销售方案	销售总额（含税）	销项税额
A方案	3000	435.9
销售收入	3000	435.9
B方案	3000	426.6
其中：空调收入	2800	406.8
安装收入	200	19.8

业务交易方式、对象、地点的不同，对企业产生不同的纳税影响，所以在交易进行之前，必须将交易的合同提交给财务部门进行审核并签署意见，财务部门必须留存合同原件。

3.2 发票对纳税的影响

要解释发票对纳税的影响，简单了解一下中国的税法体系很有必要。中国是以发票控制税源的国家，税法体系比较复杂，所以一般都需要由财务专业人士进行处理。

一般企业经常接触的税主要有两大类。

一是流转税类，主要是增值税（另外消费税及关税只有少数企业涉及），属于间接税，即不管企业是否赚钱都要缴纳。

二是所得税类，分为企业所得税和个人所得税，属于直接税。企业所得税即企业赚了钱之后才需要缴纳的税，税率一般是25%，也有其他优惠税率，比如15%或20%。

3.2.1　有无发票对纳税的影响

很多企业在采购时不要发票，因为觉得要了发票就不便宜了。所以不要发票更便宜是真便宜吗？关于要不要发票，哪个更合适，我们现在测算一下。

比如要发票付款 10 元，想便宜不要发票，那需要支付多少才合适？假设我们都要规范做企业，不能承担风险，不要发票给多少钱？

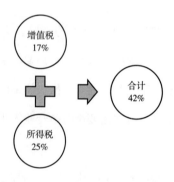

粗略算一下，不要发票则不能抵扣增值税和所得税，则只需要支付 5.8 元。但 5.8 元对方肯定不会卖，所以为了自己不承担过多的税，能要发票的，必须要发票，否则成本太高。

大家都要算清楚这个账，想尽一切办法把发票要回来，哪怕更换供应商。同时，财务人员也要敢于说话，不要让所有矛盾最后都积累到财务部门。

相信多数老板都希望把企业做大，做成百年企业更是不少企业家的梦想。企业要想做大做强必须走规范之路。

3.2.2　发票种类对纳税的影响

发票种类很多，不同的发票对税的影响是不一样的。为了便于理解，我们从与增值税相关的角度对发票进行分类。

项目	一般纳税人	小规模纳税人
专用发票	可抵扣	可抵扣
其中：可抵扣税率	17%	3%（代开）
	11%	
	6%	
普通发票	不可抵扣	不可抵扣

对于同一家供应商，提供专用发票或普通发票，对供应商的纳税影响是一样的，但对于采购方来说差别就非常大，供应商提供专用发票，则可抵扣进项税额；提供普通发票，则不可抵扣进项税额；同样取得专用发票，发票税率不同，可抵扣的税额就不同，如果可抵扣的多，则企业缴的税就少。花相同的钱，要尽量取得可

抵扣税额高的发票。

所以，企业可抵扣多少税额主要取决于对供应商的选择，所以采购人员不要以为把材料采购回来就是完成了工作。不关心发票，总在说税高，在采购时想便宜不要票，却不考虑增值税税率加上所得税税率差不多有42%，企业的利润才有多少？就算有时要发票采购价格高点，也可能是合适的，我们可以简单测算一下。

项目	总金额	可抵扣税额	不含税额
17%的专用发票	11.7	1.7	10
3%的专用发票	11	0.3	10.7
普通发票	10.9		10.9

因此，财务部门也要对业务部门取得的发票类型提出合理要求，才可以控制企业税负，发票管理是纳税规划的第一步。比如，财务部门要求在采购合同中都要填写清楚对发票的要求，包括对方开具发票的类型和发票的取得时间。对供应商而言，开普通发票和专用发票是一样的，只是企业采购时没有提出要求。

3.2.3 发票不合规对纳税的影响

如果业务部门花钱后取得的发票不合规，那取得不合规票据与没有取得发票的结果是一样的，都不能抵税。所以，什么是不合规发票？

（1）过期发票。在2018年账里报销2017年的发票，就叫不合规，不能报销。2017年的费用必须在2017年报销入账，如果跨年报销，大家想一想2017年的利润准确吗？如果是因为员工出差回不来等原因不能将发票及时报销，财务可以先行计提费用，待发票回来后再行支付。

（2）抬头不完整的发票。发票抬头填写不规范、不完整，视为无效发票。发票抬头应该按照企业工商注册名称填写。发票不仅要抬头正确，还需填写企业税号。

（3）没有发票专用章的发票。发票必须加盖发票专用章，其他如公章、财务章都是无效的。

（4）大小写不一致的发票。发票金额填写不规范也是无效发票。

索取发票是企业业务中的一个环节，与花钱的人相关，与企业缴税相关，一定要取得合规票据。因此,财务部门不仅要制定相应的制度,还要给花钱的部门进行发票培训,及时传达开具发票的要求。如果没有相应的事前培训,只是下发制度和拒收不合规票据,是没法解决问题的。

【案例】关于取得发票相关规定的培训

● 先统一大家的目标:都不希望企业多缴税。如果取得1万元不合规的发票,企业要多缴2500元的税。

● 把不合规的发票样本展示给大家,并告诉大家不合规的地方,是发票抬头不合规,发票品名、数量不合规,发票种类不合规,还是发票专用章不合规,等等,要给大家说清楚。

● 规定不合规票据报销的流程,比如需要主管领导、总经理、财务总监、董事长同时签批"同意不合规票据报销"。

● 财务部门还可以把企业开票的相关信息印在一张名片上,前面是正确信息,后面是需逐条检查的事项,可以给业务部门提供极大的帮助与便利。

3.3　交易主体不同对纳税的影响

作为业务部门,需要时刻考虑交易对税的影响,这就是业务影响纳税的思维。我们在这里举一个例子来说明交易主体不同对纳税的影响。

【案例】买办公楼是以个人名义还是以企业名义买?

以哪个主体买没有绝对的对与错,而是要看最终交易的目的是什么。首先,我们看一下不同主体购买后,在使用写字楼过程中税负的差异。

单位:万元

项目	个人购买	企业购买	说明
购房金额	1000	1000	
租金	50		个人租给企业每年50万元
折旧		50	企业资产计提折旧50万元
增值税	2.5		增值税税率5%
附加税费	0.25		城建税、教育费附加税率合计约10%
房产税	6	8.4	出租房产税税率12%,自有房产税税率1.2%
个人所得税	5		个人出租房按10%征收个人所得税

续表

项目	个人购买	企业购买	说明
企业所得税	-12.5	-14.6	租金及折旧抵减利润及企业所得税
税金支出合计	1.25	-6.2	

当然，如果从股东个人财产交易角度看，则税负又不一样。所以交易主体差异会导致纳税结果不同，要先根据购买资产的最终目的，了解有利还是无利，在购买之前，要先请专业人士进行测算，再做决策。

3.4 销售环节对纳税的影响

前面我们了解到取得不同发票对纳税的影响很大，销售环节对纳税的影响其实也是非常大的。下面通过一些常见的销售方式给大家说明一下影响。

3.4.1 买一送一

这是一种大家普遍接受的促销方式，也是商家常用的销售模式。但是从税的角度来看，赠送的商品虽然没收钱，但要视同销售，按市场平均销售价格计算缴纳税金。比如有一家微波炉代理商采用买一送一的方式促销，买微波炉送饭盒，微波炉销售额 3000 万元，后来税务检查时发现有送饭盒的行为，查补税款总共约 600 万元。

3.4.2 以旧换新

这也是一种常见的营销方式，经常是将旧货折算一个价格，抵减新货的价格后作为销售额。很多人都觉得这是合理的操作，但是在税法上，要当成两笔交易进行纳税，一是收购旧货，二是销售新货，销售额和收购额不能相互抵减，要按销售额全额缴纳增值税，而不是差额。

【案例】

某奶制品企业有一批即将过期的牛奶要进行促销，营销部门计划花 3000 万元做广告，销售总监想出另一个方案，不需要做广告，把这部分库存赠送给学校的学生。假设牛奶的材料成本是 3000 万元，按市场售价 8000 万元进行赠送，送完之后计算税额：增值税 5000 万 ×0.17=850

万元，附加税850万 ×0.12=102万元，企业所得税5000万 ×0.25=1250万元，赠送视同销售额总计税金为2202万元；若花3000万元做广告，则增加3000万元费用，少交750万元企业所得税，过期产品税务备案还可抵企业所得税750万元，做广告可少缴税金1500万元。两个方案一比较，为了不花3000万元的广告费，却多交了约3700万元的税。

一个听上去很好的促销方案，如果把税的因素考虑进去，就不一定是好的方案。所以，业务部门在做业务前，关于税的问题要多与财务部门进行沟通。

【案例】

有不少开发商为了促销，在销售商品房时提供一些赠送的物品，比如买房送空调，这种赠送也是要视同销售交税的，专业人士一定要规划好方案，否则不但视同销售多缴纳增值税，还有土地增值税也受影响。下面提供两个思路给大家做参考。

一，空调不卖，房子降价，旁边卖空调，一个主体变为两个主体。

二，空调安装在房子里，增加房子的成本，同时降低土地增值税。

3.5 采购环节对纳税的影响

3.5.1 供应商选择

【案例】

同样商品同等金额的采购，且供应商都是一般纳税人时，交易方式不一样，对税的影响也不一样。

A供应商有自己的物流车队，提供送货上门服务，是一票制交易。A供应商收款100元，可取得增值税进项税额：$\frac{100}{1.17} \times 17\% = 14.53$（元）。

B供应商则委托第三方物流送货。B供应商收款90元，另外物流企业收款10元，可取得增值税进项税额：$\frac{90}{1.17} \times 17\% + \frac{10}{1.11} \times 11\% = 14.07$（元）。

由此可看出，支付相同的金额，从A供应商采购获得的增值税进项税额大于从B供应商采购获得的进项税额。

3.6 人力资源部门发工资环节对纳税的影响

理论上来说，发工资应该是人力资源部门的事情，但部分企业并没有单独设立人力资源部门，或者出于其他考虑，一般工资的核算与发放都交给了财务部门。

发工资就会涉及缴纳个人所得税的问题，大多数企业还会发年终奖，有的企业从设立之初到现在，从未为员工代缴过个人所得税，这个问题会越来越大，风险也会越来越大。

3.6.1 要关注个人资产安全

可能有些人并没有注意到个人资产的安全性问题。近年来，国家陆续采取了一些措施，如加入 CRS 实践国际反避税统一标准、进行个人银行账户管理、发布大额交易报告管理办法等，来保护个人资产的安全。在这些新政策实施后，所有人都会受到影响。比如个体工商户的资金都在个人账户收支，可以这样说，未来每一个人的财富都将变得透明。

【知识链接】统一报告标准（CRS）

共同申报准则，也称为统一报告标准，即 CRS 参与国将定期对非税收居民金融账户涉税信息进行交换的管理办法。

中国加入之后的时间表是：2017 年 1 月 1 日开始，对新开立的个人和机构账户开展尽职调查；2017 年 12 月 31 日前，完成对金融资产超过 600 万元的非居民纳税人高净值账户的尽职调查；2018 年 12 月 31 日前，完成对所有非居民账户和全部存量机构账户的尽职调查。我国承诺首次对外交换信息的时间为 2018 年 9 月。中国参与 CRS 不仅参与国际反避税行动，还将重点打击利用境外账户隐匿资产甚至洗钱的行为。

什么叫非居民纳税人？非居民纳税人是指在中国境内无住所又不居住或者无住所而在境内居住不满一年的人。非居民纳税人承担有纳税义务，即非居民纳税人仅就来源于中国境内取得的所有，缴纳个人所得税。非居民纳税人也就是非居民企业，是指依照外国（地区）法律成立且实际管理机构不在中国境内，但在中国境内设立机构场所，或者在中国境内未设立机构、场所，但有来源于中国境内所得的企业。

【知识链接】个人银行账户管理

自 2016 年 12 月 1 日起，个人在银行开立结算账户时，同一人只能在同一家银行开一个 I 类账户，再开新户的，只能开立 II 类或 III 类账户，II 类或 III 类账户在资金余额、转账等方面都会受到限制。

【知识链接】大额交易报告管理办法

个人账户当日交易额 20 万元以上或外币等值 1 万美元以上的跨境款项划转，需提交大额交易申报。

3.6.2 个人所得税要规划，但不能不缴

不管是老板还是企业高管，都要关注个人财富的安全，个人收入要有合法来源证明。

财务专业人士要对企业老板和高管的工资发放进行规划，确保资产以合法收入购买并且有完税证明。

第 4 章　**现金为王思维**

- 收入、利润、现金三者的平衡必须匹配企业的战略，无论哪种战略的选择，现金都是首要的考虑因素
- 经营三道防火墙，步步为营，提前预知现金流情况，防止意外过度失血
- 企业必须平衡好造血、献血、输血的关系，防止企业失血
- 企业应收账款的政策、投资、负债、发展速度等经营决策，取决于企业现金资源，而不是其他

现金是一项非常重要的资源，有多重要？企业有了现金才能买东西，才能招员工，才能开展经营活动。企业日子过得好还是坏，主要看现金流是否充裕。

什么样的企业是好企业？理想中好企业的标准是收入高、利润高、现金多，这三个要素可以形成一个三角形，这就是著名的财务铁三角。 这个铁三角做得最好的是苹果公司，智能手机行业的利润大部分都被苹果公司赚取，其现金流也非常充裕，可以说是富可敌国。

企业战略实现的过程就是财务铁三角变化的过程。企业进行战略决策时要有所取舍，或者牺牲利润换取现金流，或者牺牲现金流换取利润，或者牺牲利润、现金流换取收入，还有可能牺牲收入换取现金流，牺牲收入换取利润。比如企业上市后，

现金流会比较充裕，但股东对利润是有要求的，所以就会出现牺牲现金流换取利润的决策。因此要根据企业的实际情况进行选择。苹果企业收入比较高、利润比较高、现金比较多，接近于正三角形；"小金豆"企业规模不大，但收入、利润、现金都比较匹配。一般这种企业要选择小众领域的行业，大资本看不上，竞争不会很激烈。不是所有行业都可以做成"小金豆"企业，想把企业做大的第一前提是进入大众领域，才能形成规模效益。

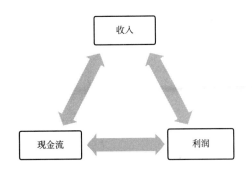

4.1 收入、利润及现金的关系

利润、收入、现金是企业最重要的三个财务资源，这三个资源匹配不同，则实现的市场战略也不同。

如果企业以获取收入、抢占市场份额为近期经营目标，会适当牺牲利润以换取销售额的增长。当企业拥有很高的市场占有率后，有了影响力、话语权，就会调整战略，提高价格，缩短账期，市场份额下降，使三角形达到新的平衡。比如格兰仕微波炉在取得全球40%的市场份额之后，重新调整战略。

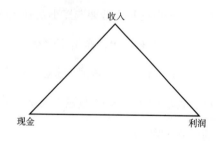

有的企业产品价格不低，账期不长，但市场份额肯定会低。一般采取这种战略的企业都是在等待机会，希望能够后来者居上。因为当市场上有巨头占领，企业本身还不具备与巨头们竞争的实力的时候，等待合适的机会，当别人犯错误的时候再抢占市场不失为明智之举，如三星Anycall手机刚进入中国市场的时候。

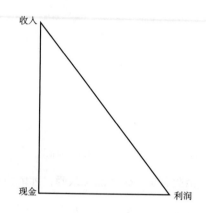

如果企业的战略是抢占市场份额，做行业第一，那么财务战略一定要匹配企业战略，对现有资源进行调整，严控成本，降低市场售价，加长账期，这样就可以增加销售额，扩大市场占有率。同时财务总监要控制好平衡，不能让三角形垮掉。

4.1.1 创业期收入重要；取得一定市场资源后，利润重要；任何阶段现金都重要

在经济形势不好的情况下，每家企业赚钱都不容易，没有现金企业就不能维持经营。这时如果企业有充足的现金流，那么正是扩张的最好时期，因为可以

以较低的价格进行收购。一家企业创业能否成功，一个重要的因素就是现金，创业的企业往往都缺现金，所以不少企业在创业之初就会想办法快速赚钱迅速盈利，坚持生存下来。很多企业倒掉的直接原因往往是现金流断裂，因此在企业日常管理中，现金一定要进行日报，随时监控现金状况，如果出现现金流预警信息，要立即采取措施。

4.1.2　为了收入而牺牲现金不是正确的选择，除非现金充裕

市场中常见的企业竞争活动中，挤垮竞争对手最有力的武器就是现金，只要有足够的现金支撑，再通过延长账期，降低利润等方式挤压对手，若对方的现金流不足以支撑，就会被挤垮。有一家企业规模不是很大，但选的行业好，现金流充足，小日子过得也很不错。后来考虑要上市，如果上市就要做大规模，提高利润。所以企业就调整战略，提高产品售价，延长账期，两年之内销售额就从 3 亿元上升到15 亿元。但延长账期的后果是牺牲了现金流，资金链绷得非常紧，应收账款有 7

亿~8 亿元，面对这个状况，老板都想放弃了，希望能通过被并购盘活，但这样的企业未必有人愿意收购。

4.1.3　必要时，可以牺牲利润换取现金

现金是最重要的。在市场环境不好的情况下，可以选择降低价格，但不赊销，也就是让利不让钱，主要目的是要保持现金流，有钱就能存活，活着才有发展的机会。

4.1.4　企业经营防火墙，第一道墙是收入，第二道墙是利润，第三道墙是现金

第一道墙：收入。公司企业经营要步步为营，一个正常经营的企业，现金流不会一天就断掉。出现问题时，往往先是收入下滑，这时企业的利润会减少。并不是所有企业都能够做到收入年年增长，收入有波动也是正常的。但收入下滑一定是个重要的信号，要引起重视，老板需要做决策，主动进行收缩，砍掉部分成本，进行裁员，以保存实力。

第二道墙：利润。当收入下滑到盈亏平衡点时，如果收入再下滑，企业就会发生亏损。没有利润，企业未必会倒掉，但长期、持续亏损必然导致现金减少。正常经营的企业是有时间反应并做出决策的。

第三道墙：现金。没有了现金，企业就倒掉了。企业的经营现金主要是维持企业正常运转的，不属于老板个人，老板不能轻易挪用。若想对外投资，只能用自由现金进行投资（自由现金是指企业经营产生的，在满足经营再投资需要之后剩余的现金流量），如果抽走企业运营的流动资金，把老企业当作融资平台，一旦新项目没有成功，老企业就会被拖垮。现金为王

思维，要求财务人员给管理层每日报送销售额、现金余额信息，做到对资金的实时监控（见下图）。

4.2 应收账款决策要充分考虑现金资源

应收账款的决策管理人包括董事长、总经理、销售总监、财务总监。一家企业允许客户的欠款期限是多久，不仅仅取决于所处的行业，还要充分考虑现金，因为太多的企业是被应收账款拖垮而倒闭的。

一般来讲，营销总监会更多地考虑市

【案例：《现金余额表》】

项目	金额	备注
前日余额		
今日流入		
－ 现金		
－ 建行账号		
－ 工行账号		
－……		
今日流出		
－ 货款支出		
－ 工资支出		
－ 费用报销		
－……		
今日余额		

场因素决定应收账款政策，而财务总监会更多地考虑现金流因素，因此部门之间需要多沟通，总经理也要找到一个平衡点，不能只想着扩大市场规模而放宽应收账款信用政策。

【案例】

一家企业以前的销售大部分都采取赊销方式，遇到好的项目想扩张却没有钱，想给高管分钱也没有钱。老板下定决心改变销售策略，不再赊销，同时为了鼓励业务人员的积极性，提高了销售提成比例。可想而知，在一段时间内，这一决定引起了销售部门的强烈反对，人员流动性很大，也导致企业收入大幅下滑。但老板一直坚持不赊销，一年之后，销售人员也习惯了新的政策，这时很多同行因为赊销，资金链断裂都倒闭了。此时销售人员明白了，不赊销很难，但赊销后要钱更难，企业调整策略还是正确的。

之所以赊销是因为害怕失去客户。有时做企业要做到心无恐惧，无所畏惧，勇往直前。一些客户是故意不回款，每次只付一部分货款，剩下的一直拖着不回款，因为对方知道剩下的部分是你的利润，回款的部分是你的成本，给了你成本，即使没有利润你可能还是愿意继续做。若对方一直不回款，就要采取法律手段，来维护自己的权益。

做企业必须按规律做，我们说控制赊销，并不是说不能有账期。一般来讲，当经济处于上行周期时，市场上现金流充裕，违约风险比较小，应收账款决策可以适度放宽，以便于抢占市场份额；但当经济转向下行周期时，企业就要及时控制应收账款政策，要在客户现金出现问题前，缩短账期，若担心客户不再购买，可以让点利，以利润换现金。

4.3 企业现金流断裂的主要原因

现金相当于企业的血液，企业经营活动净流量相当于造血，投资活动净流量相当于献血，筹资活动净流量相当于输血。健康的现金流应该是造血 + 输血 > 献血。因此要平衡好造血、献血、输血之间的关系，保持现金流健康运转。

企业现金流断裂的常见原因主要有以下几种。

过度投资，也就是献血过多。献血之后没有回报，不能带来造血能力的提高，就会导致现金流断裂。

过度负债，这里说的负债是广义的负债，不仅仅指银行贷款，还包括为其他企业提供的担保。

在国家收紧政策之前，银行贷款可以借新债还旧债，但现在是还旧债才能再借新债。这一政策的调整，使一大批企业倒掉，因为靠贷款生存的企业，抽出流动资金并借入过桥资金把旧债还上，但新的借款却再也没批下来……

还有为其他企业做担保，如果被担保企业再给其他企业担保，形成联保时，作为初始担保方根本不了解后面的被担保企业。只要有一家企业倒掉，就会形成多米诺骨牌效应，导致银行把企业账户冻结，只要有钱进账就会被银行划走还款，这样企业根本无法正常运营。所以为其他企业做担保一定要慎重，这样的风险不可控。说到贷款，再说一句题外话，很多企业在

贷款时提供给银行的报表与报给税务局的报表一样吗？如果不一样，就存在骗贷嫌疑，这样的融资有瑕疵，不规范，不受保护。

过度扩张。企业发展过快，要么投资增加，要么延长账期，这些行为都会导致缺钱，比如收购、并购行为，都会动用大笔资金。

经营不善。经营不善会导致亏损，前面说过，利润是第二道防火墙，如果连续多年亏损，最终会导致现金流断裂。

突发事件。一些意外的事件，导致企业需要付出大额现金，比如环保事件、火灾等。

4.4 经营管理决策要平衡好企业造血、献血、输血三者的关系

造血＋输血＞献血，而且是越大越好，企业一定要平衡好这三者的关系。通常来说，除了央企，一般企业被输血的规模都是有限的，所以献血的规模就要考虑

到造血的能力。不能让企业失血，如果失血，必须想办法迅速止血。

短期内没有利润不用担心，但如果一个企业连续失血，则需要当机立断关闭，也就是迅速止血，以保存实力。我们把握的一个原则是，只允许现金增加，不允许现金减少，失血就是账面现金减少。

第 5 章　**财务核算思维**

- 企业就是赚钱、分钱两件事，把钱算清楚是前提，钱散人不一定聚，钱算不清，钱散人散

- 财务人员必须要有服务意识，业务部门必须要有核算意识

- 财务核算是财务系统的基本职能，没有这一系统，成本改善系统、目标系统、决策支撑系统等高大上的系统都是伪命题

- 很多企业财务的不规范源于业务不规范，管理即管加理，理比管更重要，理不清就管不住

把账算准是企业财务部门的基本职责，但很多企业的账根本算不准，甚至连财务部门都觉得自己做的事情没有意义，没有价值。

大家是不是经常会遇到这种事情，企业对外招投标时，标底价格的确定，应该要求财务部门计算后进行报价。明知道财务部门算不准，还会要求财务部门算，别说这还没发生的事情，就算企业已经发生的事情，财务部门都不一定能算准。所以面对这种情况，财务部门肯定会保守计算，因为报价低了导致业务亏损肯定不好，为了保证利润，财务部门倾向于提高报价，这样一来，投标就会没有竞争力。

做好账的标准是对外安全，对内准确。把一套账算准确算安全，绝不仅仅是财务一个部门的责任，各部门都需要配合。财务核算的是企业业务，包括销售、生产、采购、研发等，如果没有这些业务部门的配合，财务部门怎么能核算准确？比如销售产品，不通知财务部门出货，财务部门怎么核算？生产时材料不够用，车间人员直接去仓库拿材料，也不通知财务部门，那产品用了多少材料的成本怎么算得准？

当然账算不准也有财务部门自己的问题，比如成本核算用间接费用的分摊方法、成本模型不符合业务实际等。

财务核算非常有必要，而且很重要。账是企业财务管理活动的基础，财务核算是财务人员的基础工作。现实工作中，能够把账记好，既考核财务人员的基本功，也体现了财务人员对企业业务的领会和把握。财务核算是为了将企业的经营成果准确反映出来，各部门为了这一共同目标，需要相互配合。

5.1 账算不准的后果

5.1.1 导致股东之间产生矛盾，分家

不仅是股东之间产生矛盾要分家，即便是亲兄弟、亲姐妹的企业，做到一定规模，产生了矛盾，照样也得分家。

为什么股东们可以共患难，却不能一起分享成功？因为企业在不赚钱时，大家都知道没钱分，但当赚钱后分钱时，拿到的钱和期望的金额有差距，而且由于账不透明，说不清楚到底赚了多少钱，就会引起猜疑、不信任，导致矛盾产生，积累到一定时候，矛盾就会激化。

所以不论是亲兄弟还是其他人，如果合伙创业，前提必须是规范化、专业化、职业化，账一定要透明，钱才能算清楚。最好的方式就是找职业经理人操盘，股东都不要插手，否则到一定阶段肯定会产生矛盾，会分家。

另外有些企业为激励管理层引入了股权激励，此时老板要明白，不管管理层有多少股份，大家就是股东，都应该平等享有企业收益，但很多情况下老板连账都不敢拿出来给大家看，大家怎么认可收益呢？所谓的激励，还是落不到实处。账拿不出来的原因有很多，其中就有一种，老板也知道账算不清、算不准，最后就只能以大概的数目来分配，导致大家有意见。

5.1.2 股东与高管之间产生矛盾，导致高管离职

这类问题讲与不讲，实际都存在，没有对与错，管理层会认为反正都是老板说了算。

有一种利润分享的激励方式，高管获得的薪酬是变动的，做得好就拿得多，做得不好就拿得少。利润分享属于薪酬的范畴，不是股权激励，操作时可以采取对赌方式，与业绩挂钩，如底薪加利润增量的 10%、无底薪加利润增量的 30%、利润增量的 40%，这些都是可以实施的方案。

不论哪种方案，都与经营的结果相关，在分配时需要确定利润基数。如果

每个人心里算的账都与财务部门算的账差距非常大，分钱的账算得不对，数字不能让大家信服，就会对老板产生怀疑，认为是老板授意财务部门计算的，就不能产生激励效果。做股权激励，失败的案例占80%，主要就是由于分配不均，产生各种矛盾，核心还是账的问题，账没算准确，也不敢拿出来给大家看。

5.1.3 管理层没有准确数字，无法做出正确决策

【案例】

下图是财务部门对企业三种产品核算的结果，如果按白色框内的结果看，三种产品收入、成本和利润都一样，分不出好坏，无法做决策，如果营销部门做决策还

有可能被误导，可能选择了C产品，放弃了A产品。但是如果了解到实际情况，如图中灰色框内的数字，会倾向选择A产品，C产品就不做了。

但并不是说C产品一定不做，如果C产品销售的同时能带来融资效应，或者属于战略性亏损，也是可以做的，如果没有任何作用就可以砍掉。

融资效应，比如进价10元，卖9.9元，10元可以三个月后付款，而9.9元收取现金，获取的收益是10元三个月的资金利息。

战略性亏损，如果亏损产品是前端产品，可以带来其他后端产品的销售，这样的产品必须要保留。

某个企业亏损就是由于产品种类很多，核算不清楚，有可能销售的还是亏损

单位：元

项目	A产品		B产品		C产品	
收入	10	10	10	10	10	10
成本	7	6	7	7	7	8
费用	2	1	2	2	2	3
利润	1	3	1	1	1	−1

产品。产品种类过多，每个产品的销量都低，不能满足量本利原则，不能形成规模效应，后来该企业把产品种类从 200 个砍到 50 个，就扭亏为盈了。

5.1.4　无法实现经营管控职能

会计系统本身就是一种管控工具，但若账实不符，账面记录的存货是否还在库里都不清楚，应收账款因相关的业务人员辞职了也对不上数，在这种混乱的状况下，会计系统就失去了管控的作用。如果企业规模小可以，老板自己顾得上，还可以记得清楚，当企业越做越大，很多事情不可能都知道时，如何能全面掌控企业。

账面存货与仓库实物对不上，就要去核对，找出差异的原因；应收账款对不上，就要与客户对账。

还有很多企业的其他应收账款、其他应付账款都对不上，这些其他款项往来应该是较少发生，容易核对清楚的。但因为公私不分家，其他应收账款都挂在老板名下，企业回扣没有发票入账，支出也挂在老板名下。所以老板要去问问财务部门，自己名下与其他企业往来金额是怎么形成

的，是否都是真实业务发生的，如果没有原始单据，怎么证明这些数据的准确性。

财务总监要做一件事，就是要与老板进行确权，如果查不清往年的数字，就按现在的账面数字进行确认，但从此之后按要求核算，入账金额要有原始单据，要有审批流程。

5.2　账算不准的原因

做账的标准是对外安全、对内准确，这是财务部门的基本职责。财务核算相当于产品加工，加工的对象是业务原始单据，加工工艺就是核算原则，加工的产成品就是管理报表。产品质量不合格是什么原因产生的？一个是工艺问题，另一个是原材料问题，所以账算不准也一样有两个原因。

5.2.1　工艺问题

责任人是财务人员。财务核算太粗、不懂业务、业务部门提供什么单据就做什么单据，不了解产品及生产工艺，成本核算模型不准确，这些都是财务核算出现"工艺问题"的原因。

有的企业明明是生产企业，在账面上看却像是一家贸易企业，没有成本核算过程，只有原材料入库、出库，成本每个月按收入的一定比例结转，根本不知道实际成本是多少，实际库存是多少。

财务总监要带领财务团队做一套准确的账，否则财务部门的价值何在？如果财务核算方法、核算流程不清楚，可以通过学习来提升。

5.2.2 原材料问题

除了财务内部核算"工艺问题"导致账算不准以外，实际上很多企业财务不规范是业务流程不规范导致的，业务操作时太随意，比如销售了货物不告诉财务人员、材料随意领用不填单、业务流程不记录、没有传递单据到财务部门，这样的话财务部门永远也算不准账。

现在的情况是，销售部门认为只要把订单签下来，把企业产品销售出去，采购部门把原材料买进来，生产部门把产品生产出来，就完成了工作，其他事情都不关心，财务核算不准那是财务部门的事，跟大家都没关系。如果这样想，可否跟财务部门换位思考，让业务部门来算一算，看能否算准？俗话说"巧妇难为无米之炊"，企业的整个业务流程应该严格遵从流程规范，销售产品，采购原材料、领用材料都必须走流程，必须填单据，单据要传递给财务部门进行核算，不允许事后补单的情况。

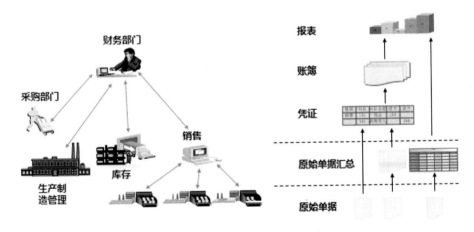

财务会计报告生产制造工艺流程图

财务核算的重要性不言而喻，每家企业都必须做好账，财务部门账要算准确才有价值，所以需要业务部门配合，销售订单、采购订单、生产任务单都必须有，业务数据必须记录，否则永远算不准成本。各部门要共同遵循企业经营的规则，如果业务单据不按业务流程流转，财务部门则没法核算。把账算准，大家分钱时才有准确的利润基数，如果这个数算不出来，算不准确，与业务部门关系也很大，不能只说是财务部门的问题。

有的业务人员反映，客户急着要货，再填单太影响效率，如果想做好控制，确保财务核算准确，必要时还是要牺牲些效率，这一点老板们要清楚。

5.3 财务部门必须有服务意识，业务部门必须有核算意识

财务人员除了监控职能外，还有一个重要的职能是服务，所以永远不要以监督者的身份出现，而要以服务者的身份出现。

在企业管理架构中，总经理负责运营，财务总监负责监控运营，因此财务部门要了解业务，对业务有足够的渗透力，才能做好监控；同时财务部门还是企业的大管家，老板要充分授权。财务部门对企业的业务情况要有兜底心态，比如对采购材料价格的异常变动，可以进行市场询价。

有些业务部门以客户催促出货为由，在没有安排付款计划的情况下，经常要求财务部门实时付款。这样的话会导致以下结果，一是财务部门需实时应对付款要求，部门工作无法安排；二是现金是稀缺资源，不是取之不尽用之不竭的，必须要量入为出，总是突发付款，会打乱企业的资金计划。所以业务部门必须有流程观念，不能因为觉得效率低下就破坏流程。

在一些从事基建或采购的企业中，财务人员对购进材料的价格异常波动有询价权，如果发现市场价格没动，但更换了供应商，可以向老板报告异动情况及原因，并提出合理建议，由老板做决策。

业务部门也必须具备核算意识，采购、生产、销售等业务都需按流程执行。业务部门要考虑到各项业务都要核算，如

果不核算则无法进行评价，也无法给予奖励。

财务部门在进行核算前，需重新梳理业务，了解各业务流程，遵循内控原则对业务流程进行规范、设计并确定流程图，以便业务部门执行，同时需匹配、完善相关的用于核算的单据并进行记录。

另外再说一点，如果开发出新项目或新的业务模式，但在规范的前提下，无法进行核算，这样的业务宁可不做。

5.4 核算的应用举例

财务核算的产成品就是企业的经营结果，经营结果就是进行激励的基础。下面我们对一些常见的激励方式做一下简单的说明。

常见的激励方式有阿米巴、绩效考核、利润分享等。

阿米巴。最近几年，阿米巴在员工激励领域非常火，很多企业都想用阿米巴模式激励员工。但并不是所有行业都适用阿米巴模式，只有业务协作非常密切的企业才适用。

首先，导入阿米巴模式要有强大的企业文化。没有强大的企业文化支撑，企业导入阿米巴模式之后，每个人都只会从自身利益出发算自己的小账。

其次，财务核算能力必须强大。有很多企业做激励落地时都绕开财务部门，殊不知财务核算才是做激励的起点，因为激励最终考核的是大家的实际工作结果，然后再进行奖励。这些工作结果70%都是由财务部门核算的。算不清楚，如何分？就算硬分了，员工也都有意见。要把一家主体分为多个小主体，每个小主体都必须独立核算清楚，这是实施阿米巴模式的前提。独立核算的要求，导致财务部门工作量倍增，而且都是内部结算，没有真实货币的流转，难以记录。因此，财务部门必须把所有核算规则梳理清楚，如果激励员工绕开财务部门，哪能落地？

绩效考核。绩效考核也与财务核算息息相关，绩效考核的指标70%都应该是财务指标。如果业务部门的考核指标没有设定的依据，考核后分都很高，业务人员皆大欢喜，但结果却不是老板想要的，因为很多指标不合理。绩效考核委员会的重要成员之一就是财务总监，而且大部分业绩指标由财务部门确定，如销售额、毛利率、一元费用收入负担率、应收账款周转率、存货周转率都要进行考核，并且由财务专业人员计算出来。

【案例】

猎狗追兔子，追着追着就不再追了，有第三个人问为什么不追了？猎狗回答，兔子跑是为了活命，我只是为了一顿饭，目标不一样。这个人于是把这个情况告诉了猎人，猎人考虑到原来的办法是追上追不上兔子猎狗都有骨头吃，那现在要改变策略，增加考核指标，追上有骨头吃，没追上则没有，而且追上一只兔子有一根骨头。不久后猎狗把政策琢磨透了，猎人发现兔子数量越来越多，但个头越来越小，明显是得分很高，结果不好，说明考核的指标有问题，为什么都是小兔子，因为小兔子好追。于是猎人又调整策略，这次将个数指标改为重量指标，一斤兔子换一根骨头，猎狗发现一只小兔子换一根骨头，一只大兔子可以换三根骨头，猎狗就继续追大兔子。又过了一段时间，猎狗又不追了，猎人想不明白为什么这样，就委托第三个人去了解情况。猎狗说，现在追得上有吃的，追不上没有吃的，等到后面没有能力再追了怎么办？原来是进入考核疲劳期，猎狗有了更高的要求，对股权有期望，这时就到了需要进行股权激励的阶段了。

绩效考核对财务核算的依赖性很高，很多企业考核不能落地，原因有很多，一是阶段不同，二是行业不同，三是核算跟不上。绩效考核的指标大部分由财务部门提供，财务部门必须与各部门沟通，了解业务，梳理业务流程，才能准确核算。

【案例】

一家做编织袋的企业，一年销售额50亿元，可以说是该行业中规模最大的企业。后来该企业导入阿米巴模式，有260个内部企业及核算主体，甚至建立了企业内部股票交易平台，总经理和员工都可以参与内部股权交易。这家企业的财务核算非常强大，也必须强大，老板敢分钱，把赚的钱都分给大家，他只赚取平台的钱和资金流水。平台负责对外的财务、税务、集中采购、拓展销售渠道，类似于孵化器，也吸引同行加入。

利润分享。这种激励方式要遵循对等原则，高管对结果负责，应该参与利润分享。所以建议营销总监拿销售提成或对赌薪酬。

第 6 章　成本领先思维

- 成本是利润的减项，也是获取收入的资源

- 成本不是越低越好，要看是哪类成本

- 固定成本就是经营风险

- 盈亏平衡点是管理层的最低目标，企业盈亏平衡点要喊出去

- 固定成本变化是成本改善的一个方向

- 边际贡献大于零的产品就有存在的必要

- 规模化生产可以降低成本，价格下降毛利率不一定下降

- 成本领先战略是企业整体竞争战略的选择

- 成本领先不一定让企业做得更大更强，但一定可以让企业活得更久

- 核算不仅是企业管理数据的基础，而且是企业激励机制执行的保障

6.1　成本的基本概念

6.1.1　成本是利润的减项，也是获取收入的资源

大家都觉得成本不好，成本会减少利润，所以认为成本越少越好。但没有成本支出，怎么获取收入？不投资设备、买材料，怎么生产出来产品，这说明成本还具有投资的属性，所以不要盲目去降低成本。

6.1.2　成本不是越低越好，要看是哪类成本

成本是获取收入的来源，若成本低到影响收入，则不能降低，如人工成本，工资被降低，会影响员工的积极性，导致工作效率下降，甚至生产出不良品。

6.1.3　成本按性质不同，分为作业成本和策略成本

作业成本即制造成本，在保证质量的前提下，越低越好。策略成本与人相关、与未来相关，不是越低越好。不能降低策略成本的绝对额，只能通过提高效率的方式降低，策略成本一降低，就会带来负面影响。

【案例】

生产企业的质量成本非常高，如果想要降低质量成本，可以适当提高策略成本，比如增加质检员。有的企业没有质检部门是因为最了解产品质量的是生产部门人员，由生产部门人员直接控制产品质量。

6.2 企业整体竞争战略的选择

大家有没有想过，企业的整体竞争战略是什么？每家企业所处的行业，同时也会有很多其他企业参与进来，会有新成立的企业，也会有倒闭的企业，为什么有的企业能够存活下来？如果不仔细思考，还真不一定能存活。如果企业要活下来，一定要明确自己的整体竞争战略，知道自己相比其他竞争者的优势。

竞争战略有不同类型，一家企业不一定只选择一种战略，有可能会根据自己的业务特点及发展目标，选择几种战略进行组合。

6.2.1 差异化战略

要实现差异化，就要有创新。比如想提高产品售价，就需要做到差异化，否则消费者不会为相同的产品付出更高的价格。

差异化多在产品上加以体现，如果产品能实现真正的差异化，将具有极大的市场价值，在同类产品中可独领风骚。虽然中国一直从政策上鼓励创新，但真正的创新非常难，中国的许多创新往往都是微创

新。比如在国家高新技术企业认定时，要求企业具备一定数量的知识产权，而实际上申报上来的多是实用新型专利或软件著作权，用数量满足要求，很少见到发明专利。

另外还有营销差异化。通过设计营销方案寻求差异化，可以提高消费者的关注度，但这样容易导致过度营销，中国的一部分企业过度营销现象比较严重。

拥有自己的品牌也是一种差异化战略，确立独特的品牌形象，可以在市场上增加辨识度。因此很多企业过于重视品牌，投入很大资源打造品牌，急于通过品牌确立市场地位，这样做还是有失偏颇。如果在品牌塑造和赚钱之间进行选择，肯定要先选择赚钱，因为品牌是"富家小姐"，需要用钱去维护。

总结一下，品牌＝数量＋质量＋时间，即要有足够的数量，中上乘的质量，并且经过一定时间的历练才能形成深入人心的品牌。关于产品的选择，可以给大家一个建议，在中国的市场环境下，做中端产品很难赚钱，或者选择做高端产品，目标客户精准、利润高；或者选择做

低端产品，面对大众消费者，容易形成规模。

6.2.2 成本领先战略

企业最大的经营风险就是亏损，当市场情况不好时，成本领先可以多支撑一段时间。成本领先不一定能让企业做到更大更强，但是一定能让企业活得更久，走得更远。

【案例】

如何实现利润倍增，有下面三个方案可以去实现。

方案一：提高售价，可以增加利润，采用差异化战略。

方案二：降低成本，可以增加利润，采用成本领先战略。

方案三：销售翻倍，也可以增加利润，采用资源推动型战略。

相同的产品要竞争只能拼价格，价格是最有力的竞争手段。所以对于企业而言，成本领先是不能放弃的一个战略，具有成本优势，才能采取价格竞争手段。华为就是选择成本领先战略，发挥价格便宜的核心优势，把产品销往世界各地。当年思科因为利润太低而放弃了通信设备市场，华为凭借低成本优势，迅速抢占这部分市场。

6.2.3 聚焦战略

聚焦战略是指集中企业的资源，将经营战略的重心放在某一特定方面，可以是特定的地区、特定的产品或服务、特定的市场，容易快速形成核心竞争力。聚焦战

	现状	方案一	方案二	方案三
收入	10	11	10	20
成本	9	9	8	18
利润	1	2	2	2
		差异化战略	成本领先战略	资源推动型战略

略可以进一步细分为聚焦差异化战略和聚焦成本领先战略。

6.3 量本利模型

经营企业实质上就是经营量本利。前面讲过按性质不同对成本进行分类，现在再从另一个维度分析一下成本。

6.3.1 成本按与业务量的关系进行分类，可以分为变动成本和固定成本。企业的总成本即是固定成本与变动成本之和。

6.3.2 量本利分析模型及盈亏平衡点概念

企业的总成本＝固定成本＋变动成本，用公式可以表示为 Y=a+bx。其中 a 代表固定成本，b 代表单位变动成本，也就是由单个产品决定的那部分成本，x 代表销售量。当销量为 0 时，总成本就是固定成本 a。

企业的收入，用公式表示就是 Y=cx，其中 c 代表售价，x 代表销售量。当销量为 0 时，收入为 0，但成本不是 0，成本是固定成本 a。

总收入线与总成本线相交的点称为盈亏平衡点（BEP），在这一点上，企业既

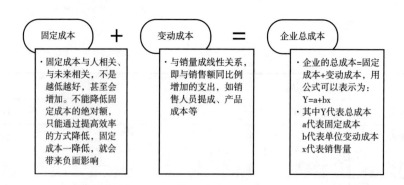

固定成本　＋　变动成本　＝　企业总成本

- 固定成本与人相关、与未来相关，不是越低越好，甚至会增加。不能降低固定成本的绝对额，只能通过提高效率的方式降低，固定成本一降低，就会带来负面影响

- 与销量成线性关系，即与销售额同比例增加的支出，如销售人员提成、产品成本等

- 企业的总成本=固定成本+变动成本，用公式可以表示为：Y=a+bx
- 其中Y代表总成本 a代表固定成本 b代表单位变动成本 x代表销售量

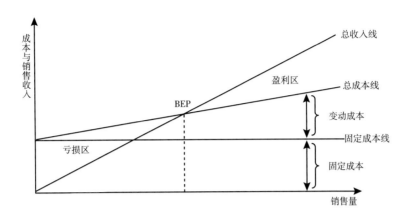

不盈利也不亏损，若向上走则收入大于成本，可实现盈利，若向下走，收入小于成本，则转为亏损。所以盈亏平衡点又称为保本点、零利润点。

盈亏平衡点的高与低，取决于固定成本的高与低，固定成本越低，盈利门槛越低，盈亏平衡点就低，固定成本越高，盈利门槛越高，盈亏平衡点就高。企业经营最大的风险就是亏损，固定成本就是经营风险。

盈亏平衡点是企业管理层的阶段性目标，是为了实现最终目标的中间关键节点，管理层必须关注企业的盈亏平衡点。

如何降低固定成本，以提高利润？有人说可以提高售价，降低变动成本，但是售价不是想提高就能提高，市场不接受怎么办？还有另外一个方法就是降低固定成本，固定成本变动化，是成本改善的一个方向。

大家想一想，什么样的企业对盈亏平衡点敏感？如果企业的销售收入远远大于盈亏平衡点时，没人会关心盈亏平衡点；如果企业销售收入就在盈亏平衡点附近徘徊时，企业对盈亏平衡点是非常敏感的，想不亏损并存活下来，必须降低固定成本，如果能把固定成本降下来，就可以说是成功，这就是胜利的决策。

企业的薪酬政策为什么有的选择低工资高提成，有的选择高工资低提成？因为工资是固定成本，提成是变动成本，固定成本越大则风险越大，固定成本越低则风险越低。创业期的企业风险一般都很大，要想生存下来的概率大一些，就要考虑降低固定成本；成熟期的企业业务已经走上正轨，对客户的影响力，更多依靠品牌，而非个人能力，所以会调整薪酬模式，选择高工资低提成，这样的薪酬策略容易招人，支付的总成本可控。所以企业发展阶段不同，薪酬政策不同，这是薪酬设计隐含的逻辑。

	产品一	产品二
收入	10	0
总成本	11	2
其中：变动成本	9	0
固定成本	2	2
利润	−1	−2

概念：

- 单位边际贡献 = 单价 − 单位变动成本
- 总边际贡献 = 总收入 − 总变动成本
- 边际贡献弥补完固定成本之后才是利润
- 边际贡献大于零的产品就有存在的必要

6.3.3　边际贡献概念

亏损的产品不一定不做，如果是战略成本或者是融资型产品就要保留，如果这两者都不是，是否就要放弃？不一定，亏损的产品如果还有一个作用，也要保留，即只要产品的边际贡献大于零，就有存在的必要，因为可以弥补一部分固定成本。下面我们来解释一下边际贡献的概念。

两个产品都是亏损产品，固定成本都是 2 元。产品一的边际贡献是 10−9=1，可以弥补 1 元的固定成本，最终产品一亏损 1 元；产品二没有销售，边际贡献为 0，最终产品二亏损 2 元。

所以，总结一下关于边际贡献的几个

6.3.4　规模经济概念

企业的销售规模增长之后，单位产品所负担的固定成本就会下降，产品的总成本也会随之下降，毛利率就会上升，这就是规模经济效应。

一般情况下，当产品价格下降时，利润也会同时下降。有没有一种可能，产品价格下降了，利润却没有下降？当价格下降时，销量会上升，销量上升带来规模经济效应，单位产品负担的固定成本降低，当固定成本下降幅度大于价格下降幅度时，利润则不降反升。

【案例】

A 企业固定成本 1200 万元，变动成本率为 80%，产品售价 10000 元，变动成本即为 8000 元，则企业盈亏平衡点为 6000 万元；每台设备分摊固定成本为 2000 元；若产量提高为 1.2 万台，每台设备分摊的固定成本为 1000 元；若降价为每台 9000 元，企业不会亏损。

	方案一	方案二	方案三
单位售价（万元）	1.00	1.00	0.90
固定成本（万元）	1200	1200	1200
变动成本率（%）	80	80	80
变动成本（万元）	0.8	0.8	0.72
盈亏平衡点（万元）	6000	6000	6000
销售量（台）	6000	12000	6667
产品均摊固定成本（万元）	0.20	0.10	0.18

第 7 章　财务管控思维

- 老板离场管理的前提是能够读懂报表，能够通过数字看透经营
- 管理层要理解自己承担的责任指标
- 老板、管理层要建立"企业管理驾驶舱"的概念
- 一个优秀的企业家一定是半个财务专家，一个优秀的总经理一定是一个财务专家
- 老板、总经理要深入学习财务管控，因为这是大企业管理的手段与方法

经营企业时，我们要学会用财务的思维和手段进行企业管控，不能一直靠人去管理，更不能用亲信人员去控制。并不是不信赖亲信人员，信赖与亲信是两个概念。核心团队必须相互信赖，信赖是企业的一大隐形成本。

7.1 总经理负责运营，财务总监监控运营

在职业经理人管理的企业中，财务总监与总经理是合作关系，两者在企业经营活动中的分工不同，为实现

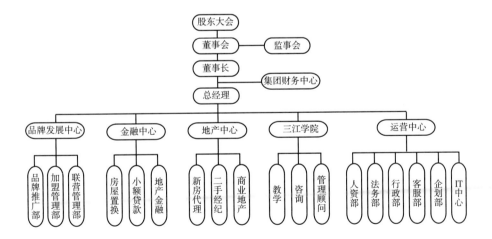

一致的目标共同努力。财务总监一般都是直接向董事会汇报，可以不受总经理管理。也就是说，财务总监对董事会负责，数字可以不经过总经理直接上报给董事会。

财务总监的重要职责就是负责监控运营，要确保财务总监的独立性，财务总监的评价、聘任与解聘都不能由总经理来决定，而是直接由董事会决定。

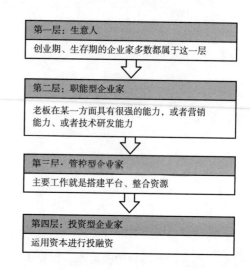

| 第一层：生意人 |
| 创业期、生存期的企业家多数都属于这一层 |

| 第二层：职能型企业家 |
| 老板在某一方面具有很强的能力，或者营销能力、或者技术研发能力 |

| 第三层：管控型企业家 |
| 主要工作就是搭建平台、整合资源 |

| 第四层：投资型企业家 |
| 运用资本进行投融资 |

重要的手段。

纵观中国企业的发展历程，企业家的身份也经历了不同阶段的转型，大体来讲，企业家可以分为以下四个层级。

老板从生意人到投资型企业家转型，一定要学习财务知识，学习用财务的手段进行管控，否则如何看懂财务数据，如何通过报表进行评价。具体来说需要具备以下几项能力。

7.2 老板离场管理的前提是具备财务管控能力

有的老板做企业时间长了，感到非常辛苦，就想实现离场管理，托管给管理层运营。老板离场管理的前提是不能失去对企业的控制，其中财务就是一个

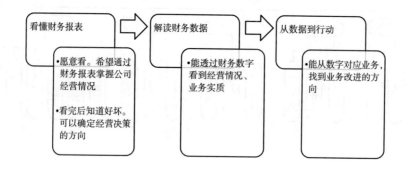

【案例】

有一家钢贸企业的老板想要离场管理，于是去国外休假一年。其间，总经理为了做大规模，采取激进的经营策略，与财务总监擅自融资近5000万元，而且融资不是通过银行，而是通过民间借贷。没想到经营目标没达成，无法偿还债务，导致企业银行账号被冻结。

经过了解后，原来董事长与总经理在经营决策上意见经常不一致，董事长希望稳扎稳打，总经理想大干快上。董事长出国期间，总经理乐观估计了市场形势，想做大当年利润，所以通过融资大量囤货，却没想到钢材价格下降，卖不掉，就采用赊销策略，货款又收不回来，最终导致企业现金流出现问题，资金链断裂，于是再继续借款，经营情况没有好转，依然不能偿还贷款，最终形成以上结果。

老板至少应该掌握几个财务指标，通过这些指标了解企业的经营状况。上述案例中，如果老板能掌握这几个财务指标，钢贸企业基本不会出现问题。下面这个表格简单地列示了一些基础性指标及对比信息。

	目标／预期	实际	上年同期	前月
销售额（元或万元）				
毛利率（%）				
一元收入负担率（%）				
存货周转（天）				
回款周期（天）				
付款周期（天）				
经营活动现金流（元或万元）				
人均单产（收入／人）				

7.3 中高层管理者要理解自己承担责任的财务指标

中高层管理者负责企业主要业务部门，对业务部门的运营状况必须了如指掌，所以需要通过财务指标进行管控，如果这些指标显示运营情况良好，那么最后的结果就不会差。这些指标同时也是考核指标。

下面就列举一些由各部门负责的财务指标，我们称之为"管理驾驶舱"。

销售总监驾驶舱   采购总监驾驶舱

7.4 老板、总经理应该掌握的六大财务管控内容

一名优秀的企业家一定是半个财务专家，一名优秀的总经理一定是财务专家。在外企或500强企业里有超过一半的CEO、管理者是财务出身，比如万科的CEO、华为未来的接班人都是财务总监出身。因此，作为老板、总经理，一定要具备财务管控的能力，至少需要掌握以下几项内容。

- 投融资管控
- 税务风险管控
- 利润管控
- 现金流管控
- 运营管控
- 财务人员管控

第 8 章　风险可控思维

- 当我们意识到风险时，风险已然减半

- 管理层决策的过程就是平衡风险与收益的过程

- 财务要保证健康的现金流，风险才可控

- 税务上要做到三点，风险才可控

- 管理上的不可控风险就是管理成熟度低，系统不完善，企业出现不可替代之人所谓风险可控，就意味着风险不可能为零，但必须在可控范围内。风险时刻存在，要敢于承担风险，这是对待风险的态度。

同样在财务问题上，比如说税务问题，在中国的纳税环境下，就决定了税务风险不可能是零。因为中国的税法太复杂，企业不可能做到完全没有问题，所以要做到风险可控，而不是零风险。

不能因为有风险而不去做事，要做到风险可控。老板为什么做老板？老板的第一品质是胆识，敢于承担风险，赢得起也输得起，做决策就是要有胆识；第二品质是见识，要长见识；第三品质是知识，要学习知识。敢于承担风险并不意味着盲目，还要注意控制风险，要有胆有识。

8.1　关于风险的基本概念

这里说的风险，不仅仅是财务或税务风险，还有生产、研发等方面的风险。比如生产部门出工伤的风险，研发失败的风险，相关管理层要考虑如何进行管控。

8.2　财务上保证健康现金流，否则风险不可控

企业经营在任何阶段都不能缺少现金，经营的最后一道防火墙就是现金，所以必须保证企业现金流健康，否则风险太大，企业承受不了。

8.2.1 过度负债风险不可控

适度负债可为企业经营筹集资金，满足扩大经营的需要，债务需要到期偿还，一般是以经营活动现金流入归还。如果过度负债，现金流入不能支撑债务偿还需要，甚至还要从生产经营中抽走流动资金来归还债务，这会影响企业正常经营活动，导致资金流入困难，形成恶性循环。

8.2.2 过度投资风险不可控

企业对外投资是为了获取更高的收益，并带来现金增值流入。有些企业投资时，对被投资项目的收益过分乐观估计，甚至认为预期回报率高于企业经营的投资回报率，从企业经营中挪走大量现金。前几年房地产市场涨声一片，有不少做实体经济的企业家以现有企业作为融资平台，从银行或民间机构贷款再投向房地产项目，政策调控下，房价企稳，投入的资金无法收回，最后影响到企业正常经营。

8.2.3 盲目扩张风险不可控

企业进行扩张时，也需要投资，如果盲目扩张，对投资后的收益及现金流没有正

确的预测与评估，也会导致不能获得相应的回报，资金不能回收，影响到正常经营。

8.3 税务风险可控原则

税务问题一直是中国民营企业的痛点，税是企业的一项成本。对于企业来说，要关注税务风险，纳税不能出现问题，坚决不能触碰红线。

8.3.1 买卖发票，风险不可控

财务人员要与老板及管理团队说清楚，买卖发票的事情坚决不能做。增值税是链条税，上游交下游抵，一般情况下都不是独立事件，不能存在侥幸心理。买卖增值税专用发票税额超过50万元，刑期10年至无期，量刑非常重。因为增值税是国家主要税种之一，2016年增值税收入占国家税收总收入的比重超过

30%，在"营改增"全面推行后，这一比例还将持续上升。

有时买卖发票是业务人员操作的，并非企业行为。比如采购材料入库，财务部门要求供应商提供发票，但供应商不能提供发票，就会去买发票或者采购人员去买发票提供给财务部门入账；销售人员把发票卖给其他人也是很普遍的现象，这些都属于买卖发票的行为。对企业来说，需要有基础的管控制度，来降低这些被动的税务风险发生的可能性。同时，对业务人员要有必要的培训和要求，在增值税的问题上，没有例外，必须遵循企业的税务管理制度。

一些"营改增"之前增值税不是很规范的企业，如房地产、建筑及餐饮行业的企业，"营改增"之后的税务风险急剧增加，因此不仅要加强对增值税专用发票的管控，还要对业务提前进行规划，降低发票风险。

8.3.2 大额工资、奖金、提成不扣税，风险不可控

企业中高层管理都是高收入者，但有不少人是不愿意交个人所得税的。如果不交个人所得税，工资如何出？那只能从账外资金支付。帐外资金本身就是两套账的体现，另一方面，个人没有交过税的收入，不具有合法来源，在购买资产时会面对不可知的风险。企业与个人都不能背负这样的风险。

8.3.3 两套账风险不可控

企业如果想做大做强，必须走规范之路，而企业走向规范化确实是一个渐进的过程。在这一过程中，老板和管理层要有清醒的认识，两套账绝不能成为企业的盈利策略之一。随着金税三期和大数据的应用，两套账的风险已不可控。如果企业风险处于不可控的状态下，做大做强更是无从谈起。

8.4 管理成熟度要提升、要系统化，否则风险不可控

一家企业管理最大的失败，就是出现了一个不可替代的人。这个人有可能是老

板自己，也有可能是其他人，这样的企业没办法复制。比如大家都觉得中餐好吃，但放眼全球，没有哪个中餐做得很大。因为以炒菜为主的中餐，小量多种类的菜品，对大厨的依赖度非常高，无法做到简单复制，做不大。

中高层管理者也要把格局提高，要有智慧，不要以为把企业的部分资源控制在自己手里，增加了企业对自己的依赖就是好事，如果这样想，个人很难成长。想走得更远，就要搭好桥，铺好路，把团队培养起来，当企业业务发展好了，自己才能更好。

企业管理成熟度高，则系统完善，不依赖个别人，可以良性运行，这样的企业有价值。如果一家企业的管理成熟度太低，企业不会值钱。

如何鉴别系统对个别人的依赖？外企通常用离职测试进行检验，会定期强制要求部门负责人带薪休假，在休假期间不能再参与企业的任何业务活动，工作邮箱被关闭。部门负责人在离岗期间，如果部门业务正常运行，则说明这个部门的管理系统完善，该负责人团队培养得好。

第 9 章　**系统化思维**

- 只有系统化才能复制，才能做大
- 系统化解决是解决一类问题，协调解决是解决一个问题，一个与效率相关，一个与数量相关
- 中高层管理者的职责之一就是建设完善管理系统
- 老板在企业管理系统建设过程中的作用是直接推动作用
- 管理控制系统的完善程度是影响企业成长、扩张的一个重要因素
- 系统可以有效地降低岗位要求，让不是人才的人成为人才

系统化就是标准化、流程化，系统化就是铺路搭桥，系统化就是打造铁打的营盘，系统化就是降低对个别人的过度依赖。

企业管理是人和系统的集合。人是一个重要的要素，但是这个要素不能特定化，应该是具备能力的人都能胜任，而不是指特定的人。

系统化与效率相关，各业务部门的管理层必须考虑完善自己部门的职能系统，营销总监负责营销系统、采购总监负责供应链系统、人力资源总监负责激励系统、财务总监负责财务系统，把每个职能都变得标准化、流程化、体系化，管理成熟度才能提高。

9.1　企业管理系统的构成

企业发展到一定阶段，必须建立、完善企业的管理体系，如果不能完善管理体系，后续的发展将受到影响和制约。

一个完善的企业管理系统主要由以下八个子系统构成，每个子系统在企业发展的不同阶段，都经历着从无到有，从不完善到完善的过程。如果把企业比作一个人，那么战略管理系统就是大脑，产品系统是躯干，左腿是供应链系统，右腿是营销系统，左手是财务系统，右手是激励系统，品牌和文化系统则是企业的软系统，相当于人的外在形象。

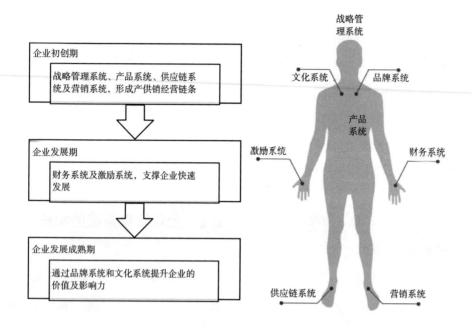

9.2 系统化思维的逻辑

9.2.1 什么是系统

● 系统就是标准化、流程化、完整化

● 管理 = 人 + 系统

● 管理升级包括团队升级和系统升级

9.2.2 系统化解决问题与协调解决问题的区别

● 协调解决问题即解决一个问题。只能治标，最后的结果就是谁都做不明白。

● 系统化解决问题即解决一类问题。从根本上解决，即治本。在这里大家要注意，不允许用一个矛盾解决另一个矛盾，要拿出完整方案解决。

9.2.3 系统化是企业复制做大、传承的基础

要想传承、复制，必须系统化，系统化就是标准化，标准化才容易复制。管理成熟度太低，依赖特定的人，这样的企业不可能传承、复制。

9.2.4 中高层员工负责建设、完善系统，进行决策、协调；基层员工负责执行系统

比如，财务总监要负责建设企业的财务系统，财务部门人员按照系统要求的职能完成本职工作。

9.2.5 老板在企业系统建设中要起到推动作用

老板的工作，主要是做好四件事：定战略、设架构、搭班子、建系统。其他的事情就由管理层及员工去实施、完成，在建设系统的过程中，老板主要起到推动作用，给大家明确方向，提要求。

9.3 系统化建设是企业发展壮大的重要因素

企业的发展一般都要经历六个阶段：创业期、生存期、成长期、扩张期、成熟期、衰亡期。影响企业发展的要素非常多，包括现金、资源、个人能力、战略与方向、员工素质与结构、系统与控制，等等，在企业发展的不同阶段有着不同的影响。

企业在创业期、生存期的时候，影响企业发展的要素不包含系统，而是现金、资源、个人及企业目标、企业所有者的工作能力。

企业过了生存期，影响要素主要包括战略与方向、员工素质与结构、系统与控制、企业所有者的分权（分钱）能力。其中系统与控制是促进企业发展的重要因素，代表了企业管理系统的完善程度，所以必须建设完善的企业管理系统，包括战略管理系统、产品系统、营销系统、供应链系统、财务系统、激励系统，再进一步完善品牌、文化系统。

企业所有者的分权（分钱）能力也是影响企业发展的重要因素。企业在什么阶段分什么钱是有规律的。在创业期不适合做股权激励，创业期的合伙人就是创始人；过了生存期，员工对股权有期望。做股权激励就要触动灵魂，否则会适得其反，起不到激励作用。

后 记

这仅仅是开始！

当你读完本套丛书，掩卷沉思，露出会心一笑的时候，是否这套丛书已经完成了它的历史使命？

不，这仅仅是开始。从"知道"到"做到"，还有很长的路要走。老师、书籍能够做到的是"领进门"，而"精通"是让知识体系成为自身素养的一部分；"做到"是让书本上的知识成为实实在在的企业业绩，还要靠读者自己的"修行"。

我们不介意读者"蹂躏"本套丛书，在书上画线、做标记，在空白处写上自己的阅读心得，把书作为企业内训的教材，甚至借给朋友阅读，真正将书读"破"，这套丛书才起到其应有的作用，而不是只作为书柜里的装饰品。

投入实践，是学习知识的重要目的，也是将知识转化为生产力的唯一途径。不妨现在就拿出纸和笔，把你面临的企业管理问题都写下来，然后翻阅本套丛书的目录，尝试在问题点与知识点之间画出连线，进而思考如何使用学到的知识去解决面临的问题。

子曰："学而时习之，不亦说乎。"学到之后，不停在实践中练习，收获的将不仅是企业业绩的提升，还有心灵的愉悦。

当然，料想你会感到意犹未尽，因此，长财咨询近期还会将广受企业家欢迎的"激励系统""资本思维"两门现场课程内容整理出版，满足爱学习的你。敬请期待。

致　谢

本套丛书在编写过程中，参考了大量的相关书籍，在此一并表示感谢。由于编写者水平所限，书中不足之处在所难免，恳请广大读者斧正。

另外，诚挚感谢长财咨询陈晴、陈振灿、孙从青、朱宝珠及曹敏等同志在编写本套丛书的过程中所付出的辛勤劳动。

图书在版编目(CIP)数据

管理层财务思维：提升管理成熟度的九大逻辑 / 刘
国东著. -- 北京：社会科学文献出版社，2018.6（2024.1重印）
（长财咨询. 企业管理系列）
ISBN 978-7-5201-2765-3

Ⅰ.①管… Ⅱ.①刘… Ⅲ.①企业管理－研究 Ⅳ.
①F272

中国版本图书馆CIP数据核字（2018）第096522号

·长财咨询·企业管理系列·

管理层财务思维：提升管理成熟度的九大逻辑

著　　者 / 刘国东

出 版 人 / 冀祥德
项目统筹 / 恽　薇　王婧怡
责任编辑 / 王婧怡　刘鹿涛
责任印制 / 王京美

出　　版 / 社会科学文献出版社·经济与管理分社（010）59367226
　　　　　　地址：北京市北三环中路甲29号院华龙大厦　邮编：100029
　　　　　　网址：www.ssap.com.cn
发　　行 / 社会科学文献出版社（010）59367028
印　　装 / 三河市东方印刷有限公司

规　　格 / 开　本：787mm×1092mm 1/16
　　　　　　印　张：6.5　字　数：89千字
版　　次 / 2018年6月第1版　2024年1月第12次印刷
书　　号 / ISBN 978-7-5201-2765-3
定　　价 / 35.00元

读者服务电话：4008918866